시튼 동물기 4

시튼 동물기

4

어니스트 톰프슨 시튼 지음
햇살과나무꾼 옮김

논장

시튼 동물기 **4**

개정판 2쇄 2021년 8월 25일 | 개정판 1쇄 2019년 4월 15일 | 초판 1쇄 2000년 1월 20일
지은이 어니스트 톰프슨 시튼 | 옮긴이 햇살과나무꾼
펴낸이 박강희 | 펴낸곳 도서출판 논장 | 등록 제10-172호·1987년 12월 18일
주소 10881 경기도 파주시 회동길 329 | 전화 031-955-9164 | 팩스 031-955-9167
제조국명 대한민국 | 사용연령 8세 이상
주의사항 종이에 베이거나 긁히지 않도록 조심하세요.
ISBN 978-89-8414-345-6 74840
ISBN 978-89-8414-341-8 (전 5권)

ⓒ 논장 2019

- 잘못 만들어진 책은 구입하신 서점에서 바꾸어 드립니다.
- 책값은 뒤표지에 있습니다.

이 도서의 국립중앙도서관 출판예정도서목록(CIP)은 서지정보유통지원시스템 홈페이지(http://seoji.nl.go.kr)와
국가자료공동목록시스템(http://www.nl.go.kr/kolisnet)에서 이용하실 수 있습니다.(CIP제어번호:CIP2019008435)

"나의 주제는
무심하고 적대적인 인간의 눈에 비친
한 종의 일반적인 생태가 아니라,
각 동물의 진정한 개성과 삶의 관점이다."

일러두기

- 이 책은 원작 《Wild Animals I have Known》에서 〈The Pacing Mustang〉, 〈Raggylug: The story of a Cottontail Rabbit〉을, 《Animal Heroes》에서 〈Badlands Billy: The Wolf that Won〉을 우리말로 옮겼습니다.
- 동식물의 이름은 두산백과사전 두피디아와 브리태니커 백과사전 등을 바탕으로 하고 한국어명이 정확하지 않은 경우 학명과 해당 종의 특성을 참고해 실용적 표기를 따랐습니다.
- 외국 지명과 인명 등은 국립국어원 외래어표기법을 따르되 관용적인 표기와 동떨어진 경우 절충하여 관례를 따랐습니다.
- 국립국어원에서 정한, 저자 Ernest Evan Thompson Seton의 표기는 '어니스트 에번 톰프슨 시턴' 입니다. 이 책에서는 통상적으로 널리 쓰는 '시튼'으로 표기했습니다.

차례

야생마 페이서의 최후
9

위대한 늑대 빌리의 승리
59

솜꼬리토끼 래길러그의 모험
121

옮긴이의 말
시튼의 삶과 문학·수록 작품 해설
176

시튼의 생애
188

The Pacing Mustang
야생마 페이서의 최후

1

　조 캘론은 안장을 흙바닥에 툭 던져 놓고 말들을 풀어 주고는 쩔그렁 소리를 내며 목장 집으로 들어갔다.
　"밥은 다 되었나?"
하고 조 캘론이 묻자, 요리사는
　"17분만 기다려."
하고 싸구려 시계를 힐끗 쳐다보며 자신만만하게 대답했다. 꽤나 정확한 척하지만, 시간을 제대로 지킨 적은 한 번도 없다.
　"페리코 쪽은 어때?"
　한 동료가 묻자 조가 말했다.
　"불가마처럼 더워. 소들은 괜찮고, 송아지도 많아."
　"앤텔로프 샘에서 그 야생마 떼를 봤어. 수망아지 두세 마리도 함께 있더군. 그중 하나는 새까맸는데, 아주 멋진 놈이었어. 타고난 페이서*였지. 내가 2, 3킬로미터 정도 쫓아갔는데, 그놈은 무리를 이끌고 앞장서서 달리면서 한 번도 걸음걸이를 흐트러뜨리지 않았어. 잠깐 일하다 말고 재미 삼아 쫓아가 보긴 했지만 계속 그렇게 걷더라고."

스카스가 믿어지지 않는다는 듯이 물었다.

"자네, 오다가 한잔한 거 아니지?"

"걱정 마, 스카스. 지난번 내기에서는 자네가 졌지만, 자네가 사내대장부라면 또 기회가 오겠지."

그때 요리사가 "식사요!" 하고 외치는 바람에 이야기는 거기서 끝났다. 이튿날 소몰이 장소가 바뀌면서 그 야생마 떼도 잊혔다.

---

* 일반적으로 말은 걷거나 달릴 때 서로 대각선 방향에 있는 앞다리와 뒷다리를 번갈아 드는 식으로 움직이는데, 이와 달리 같은 쪽 앞다리와 뒷다리를 동시에 들며 이동하는 걸음걸이를 '페이스'라고 하고 이렇게 움직이는 말을 '페이서'라고 한다. 페이스는 훈련을 시켜야 습득할 수 있는 걸음걸이지만, 드물게 날 때부터 '페이서'로 태어나는 말들이 있다고 한다.

1년 뒤 뉴멕시코주의 같은 지역에서 소몰이를 시작하자, 다시 야생마 떼가 눈에 띄었다. 예전의 그 새까만 망아지는 다리가 날씬하고 옆구리가 반지르르한 한 살배기 말이 되어 있었다. 그리고 그 진귀한 말을 목격한 목장 일꾼도 한 둘이 아니었다. 그 야생마는 타고난 페이서였다.

야생마 떼를 따라가던 조는 그 망아지를 잡으면 돈이 되겠다고 생각했다. 동부 사람들이라면 이를 당연하게 여겼을지도 모른다. 하지만 서부에서는 사정이 달랐다. 서부 사람들이 주로 타는 말은 15달러에서 20달러까지 받을 수 있지만, 야생마는 기껏해야 5달러밖에 받지 못한다. 그래서 서부의 목장 일꾼들 중에 야생마가 돈이 된다고 생각하는 사람은 없다. 야생마는 잡기도 힘들뿐더러, 어찌어찌해서 잡는다고 해도 길을 들일 수가 없어서 결국 쓸모가 없으니까 말이다.

목장 주인들은 대부분 야생마가 눈에 띄면 그 자리에서 쏘아 죽인다. 목초지를 돌아다니는 야생마는 쓸데없는 방해꾼일 뿐 아니라, 툭하면 집에서 키우는 말들을 꾀어 금세 야생 생활에 맛을 들이게 해서는 어디론가 데려가 버리기 때문이다.

조 캘론은 야생마에 관해서 모르는 게 없었다.

"흰색 야생마치고 순하지 않은 놈 못 봤고, 밤색 말치고 겁 없는 놈 못 봤어. 적갈색 놈들은 제대로 길만 들이면 아주 쓸 만해. 또 까만 놈치고 억세지 않은 놈 없고. 기운이 팔팔 끓어넘치는 녀석들이지. 까만 야생마한테 날카로운 발톱만 있다면 사자도 못 당할 거야."

그 당시 야생마는 쓸모없는 해로운 짐승이었고, 까만 야생마는 더더욱 쓸모가 없었다. 그래서 조의 동료는 "그 한 살배기 야생마를 잡겠다니 도무지 이해가 안 간다."라고 했지만, 조는 그 야생마에 깊이 빠져 있는 것 같았다. 하지만 그해에는 야생마를 잡을 기회가 없었다.

조는 한 달에 25달러를 받고 일하는 목장 일꾼이었고, 여가 시간도 별로 없었다. 대부분의 일꾼들처럼 조 역시 자신의 목장과 가축을 갖는 게 꿈이었다. 조는 이미 다소 흉한 느낌을 주는 돼지우리 모양의 낙인을 자기 이름으로 샌타페이에 등록해 놓았지만, 그 낙인이 찍힌 뿔 달린 가축은 고작 늙은 암소 한 마리였다. 그런데도 굳이 낙인을 등록한 것은 낙인이 찍히지 않은 동물을 발견했을 때, 자기 낙인을 찍을 수 있는 법적 권리를 갖기 위해서였다.

하지만 해마다 가을에 급료를 받으면, 조는 동료 일꾼들과 읍내에 가서 '주머니가 두둑할 때' 실컷 즐기고 싶은 유혹을 떨쳐 버리지 못했다. 그래서 재산은 늘 안장과 침대와 늙은 암소뿐이었다. 하지만 조는 멋지게 한탕 해서 자리를 잡겠다는 희망을 끝까지 버리지 않았다. 그리고 일단 새까만 야생마를 마스코트로 삼겠다고 마음먹은 다음부터는 '잡으러 다닐' 기회만 노렸다.

조는 소 떼를 몰고 커다란 원을 그리며 캐나디안강으로 내려갔다가, 가을에 돈카를로스 언덕으로 돌아왔다. 그 무렵 야생마 페이서에 관한 소문은 무성했지만, 정작 페이서는 한 번도 눈에 띄지 않았다. 그 망아지는 이제 한창 팔팔한 세 살배기 젊은 말이 되어 사람들의 입에 오르내렸다.

앤텔로프 샘은 드넓은 평원 한복판에 있다. 물이 많을 때는 사초*에 둘러싸인 작은 호수가 된다. 물이 적을 때면 군데군데 알칼리 성분이 하얗게 빛나는 시커먼 진흙밭이 넓게 펼쳐지고, 그 한복판에서 샘이 솟는다. 그 샘은 물이 흘러들지도 나가지도 않지만 아주 깨끗한 물이 솟아나고, 몇 킬로미터 근방에서 유일하게 마실 물이 있는 곳이다.

이 평원, 아니 북쪽 사람들이 초원이라고 부르는 이곳은 새까만 야생마가 가장 좋아하는 목초지이면서 수많은 목장의 말과 소 떼들이 풀을 뜯는 곳이다. 이 지역에서 가장 규모가 큰 목장은 '엘에프'라는 목장이었다. 이 목장의 관리자이자 공동 소유주인 포스터는 사업가다운 사람이었다.

Lf

그는 방목장에다 품질이 더 좋은 말과 소를 키우면 이익을 얻을 수 있을 거라고 생각했다. 그래서 키가 크고 다리가 날씬하며 사슴 같은 눈을 가진 잡종 암말 열 마리로 사업을 벌이기로 했다. 그 암말들에 비하면 목장 일꾼들이 타는

---

* 주로 습지에서 자라는 벼와 비슷하게 생긴 식물.

말은 완전히 종이 다른 하등 동물 같았고, 제대로 못 먹어서 빼빼 마른 것처럼 불쌍해 보였다.

포스터는 자기가 탈 암말 한 마리만 마구간에 매어 두고, 나머지 아홉 마리는 망아지들의 젖을 뗀 뒤 방목장에 자유롭게 풀어놓았다.

말은 가장 좋은 풀이 자라는 곳을 본능적으로 찾아낸다. 암말 아홉 마리도 풀을 찾아 남쪽으로 30킬로미터나 떨어진 앤텔로프 샘 초원까지 갔다. 그해 늦여름에 포스터가 말들을 모으러 갔을 때, 아홉 마리 암말은 거기에 모여 있었다. 그런데 암말들 곁에 칠흑처럼 새까만 야생마가 함께 있었다. 야생마는 단순한 동료 이상의 태도로 암말들을 지키면서 경중경중 뛰어다니며 익숙하게 암말들을 몰고 다녔다. 새까만 털이 암말들의 금빛 털과 뚜렷한 대조를 이루어 눈에 확 띄었다.

이 뜻밖의 야생마만 아니었다면 성질이 온순한 암말들은 순순히 집으로 돌아갔을 것이다. 하지만 암말들을 데리고 가려 하자, 검은 야생마는 몹시 흥분했다. 이 말은 타고난 야성으로 암말들을 자극하는 것 같았고, 이리저리 경중경중 뛰면서 암말들을 이끌고 전속력으로 뛰어갔다. 말들은 떠나 버리고 목장 일꾼들을 태운 조랑말은 금방 뒤처졌다.

화가 난 일꾼들은 마침내 총을 뽑아 들고 이 '괘씸한 야생마'를 쏘려고 했다. 하지만 암말들을 다치게 하지 않고 야생마를 쓰러뜨릴 기회가 없었다. 온종일 애를 쓰고도 일꾼들은 결국 허탕을 치고 말았다.

그 야생마는 바로 페이서였다. 페이서는 암말들을 데리고 남쪽의 모래 산 사이로 사라졌다. 지친 조랑말을 탄 일꾼들은 자기들의 실패를 야생마의 뛰어난 능력 탓으로 돌리고 복수를 맹세하는 것으로 아쉬움을 달래며 집으로 돌아갔다.

무엇보다 가장 골치 아픈 점은 이런 경험을 한두 번 하다 보면 암말들이 십중팔구 야생마처럼 거칠어진다는 것이었다. 그럼에도 불구하고 도무지 암말들을 구할 뾰족한 방법이 떠오르지 않았다.

동물의 세계에서 아름답고 능력 있는 수컷이 암컷의 마음을 끈다는 주장에 대해서는 과학자들 사이에서도 의견이 엇갈린다. 아무튼 분명한 사실은, 매력이든 기백이든 간에 뛰어난 재능을 가진 야생 동물 수컷은 경쟁자들이 거느린 암컷들을 대거 사로잡을 수 있다는 것이다.

먹물빛 갈기와 꼬리, 초록빛 눈동자를 가진 멋진 검은 말도 그 지역 구석구석을 돌아다니며 많은 무리에서 추종자들을 만들었다. 결국 검은 말은 스무 마리도 넘는 암말을 자기 '무리'에 끌어들였다. 암말 대부분은 방목장에서 풀을 뜯던 보잘것없는 조랑말이었지만, 눈에 확 띄는 훌륭한 암말 아홉 마리도 그 무리에 끼어 있었다.

소문에 따르면, 정력과 질투심이 강한 까만 야생마가 거느리는 그 무리에 일단 자신의 암말이 끼었다 하면 주인들은 말을 잃어버린 셈 친다고 한다. 이윽고 목장 주인들은 그 야생마가 다른 손해를 모두 합한 것보다 더 해로운 존재라는 사실을 깨달았다.

2

1893년 12월이었다. 나는 그 지역이 처음이었고, 마차를 타고 피나베티토에 있는 목장을 출발해서 캐나디안강으로 갈 예정이었다.

내가 떠날 때 포스터가 마지막으로 내게 충고를 했다.

"그 괘씸한 야생마한테 총을 겨눌 기회가 생기면 그 자리에서 당장 쓰러뜨려야 하네."

그때 나는 처음 그 야생마 이야기를 들었다. 나를 안내해 주던 잭 번스도 말을 타고 가면서 그 야생마 이야기를 들려주었다. 나는 유명한 세 살배기 야생마가 너무나 궁금했다. 하지만 둘째 날 앤텔로프 샘에 이르렀을 때 페이서는커녕 그 무리의 흔적조차 보이지 않아 적잖이 실망했다.

이튿날 우리는 앨러모사 아로요*를 가로질러 다시 완만한 능선으로 이어진 평원으로 올라갔다. 그때 앞장서서 가던 잭이 갑자기 말 등에 납작 엎드리더니 마차에 탄 나를 돌아보며 말했다.

"총을 꺼내. 그놈이야."

나는 능선 너머를 보려고 총을 들고 서둘러 앞으로 나아갔다. 아래쪽 골짜기에 한 무리의 말이 있었는데, 한쪽 끝에 그 위대한 검은 야생마가 보였다. 야생마는 이미 우리가 다가오는 소리를 듣고 위험이 닥치리라는 것을 어느 정도 예상한 듯했다.

목과 꼬리를 꼿꼿이 세우고 콧구멍을 벌름거리며 서 있는 검은 야생마는 그림처럼 완벽하게 아름다웠고, 평원을 터전으로 삼고 있는 여느 동물만큼이나 고귀해 보였다. 이렇게 멋진 동물을 썩은 고깃덩이로 만든다는 것은 생각만 해

---

*미국 서남부 건조 지역에서 비가 올 때만 물이 흐르는 하천이나 계곡을 이르는 말.

도 끔찍했다.

잭이 "빨리 쏴." 하고 재촉했지만 나는 늑장을 부리며 총을 만지작거렸다. 그러자 과격하고 성급한 잭은 꾸물거리는 나를 욕하며 "그 총 이리 내!" 하고 성난 목소리로 으르렁댔다. 그가 총을 낚아채려는 순간 내가 총구를 위로 돌렸는데, '우연히' 총이 발사되었다.

그 순간 골짜기에 있던 말들이 깜짝 놀라 우왕좌왕하기 시작했고, 검은 지도자는 콧김을 내뿜고 히이잉 울면서 쏜살같이 뛰어다녔다. 그러자 암말들이 한데 모여들더니 일제히 발굽 소리를 울리며 뽀얀 먼지 구름 속을 뛰어갔다.

검은 야생마는 이쪽저쪽으로 오가며 무리를 이끌고 멀리 달아나 버렸다. 내 시야에서 말들의 모습이 완전히 사라질

때까지도 검은 야생마는 끝까지 자신의 걸음걸이를 흐트러트리지 않았다.

잭은 검은 야생마뿐 아니라 나와 내 총을 두고도 서부인답게 간단한 비평을 잊지 않았지만, 나는 페이서의 힘과 아름다움에 마냥 넋을 잃었다. 저 무리의 암말 모두를 준다 해도 나는 검은 야생마의 반지르르한 가죽에 구멍을 내고 싶지 않았다.

3

야생마를 사로잡는 방법에는 몇 가지가 있다. 그중 하나는 찰과상을 입히는 방법이다. 야생마의 목덜미를 스치도록 총을 쏘아 기절시킨 다음 다리를 묶는 것이다.

"잘해 보라고! 그러다 목이 부러진 말은 백 마리쯤 봤지만, 그 방법으로 잡힌 야생마는 여태 한 마리도 못 봤네."

조는 그 방법에 비판적이었다.

또 지형을 이용해서 야생마 무리를 목장으로 몰고 가는 방법도 있고, 아주 좋은 말을 타고 있다면 바싹 몰아붙여 따라잡는 방법도 있다. 하지만, 사실 말도 안 되는 소리 같아도 가장 흔한 방법은 야생마들을 진이 빠지도록 달리게 하는 것이다.

결코 걸음걸이가 흐트러지지 않는다는 검은 야생마의 명성은 널리 퍼졌다. 이 말의 독특한 걸음걸이, 빠르기 그리고 폐활량에 대한 놀라운 이야기들이 무성할 즈음, '트라이앵글 바' 목장의 몽고메리 노인이 클레이턴의 웰 호텔에서 느닷없는 제안을 했다. 증인들까지 세운 자리에서 만일 그

런 야생마가 정말로 있다면 그 야생마를 사로잡아 화물차 안에 가두는 사람에게 천 달러를 주겠다고 한 것이다. 그러자 젊은 목장 일꾼 열두 명이 지금 목장과 계약이 끝나는 즉시 현상금에 도전하기로 마음먹었다. 하지만 조는 오래전부터 이 일에 눈독을 들이고 있었다. 그래서 더 이상 우물쭈물할 시간이 없다고 판단하고 지금 계약을 무시하고는 야생마를 잡는 데 필요한 장비를 모은다고 밤새도록 부산을 떨었다.

　이미 빚이 적지 않은데도 조는 빚을 더 얻고 이미 신세를 진 친구들한테서 다시 돈을 뜯어냈다. 그렇게 해서 조는 훌륭한 말 스무 마리와 포장마차 한 대를 마련하고, '동료'인 찰리와 요리사를 포함한 원정대원 세 사람이 2주일 동안 먹

을 식료품을 준비했다.

 이윽고 그들은 번개처럼 날렵하고 사나운 야생마가 지칠 때까지 쫓아다니다가 사로잡겠다고 큰소리를 치며 클레이턴을 출발했다. 사흘째 되던 날, 그들은 앤텔로프 샘에 도착했다. 예상대로 정오쯤 검은 야생마가 무리를 모두 이끌고 물을 마시러 내려왔다. 조는 말들이 물을 실컷 마실 때까지 숨어 있었다. 물을 잔뜩 마신 짐승은 목이 마른 짐승보다 쉽게 지치기 때문이다.

 그리고 나서 조는 말을 타고 조용히 앞으로 나아갔다. 800미터쯤 떨어진 거리에서 위험을 눈치챈 페이서는 무리를 이끌고 비누나무유카*가 자라는 메사** 남동쪽으로 사

---
* 미국 남부의 건조한 지역에서 자라는 용설란과 식물.
** 비탈이 가파르고 꼭대기는 평탄한 지형.

라졌다. 조는 페이서 무리가 보이는 곳까지 전속력으로 말을 달렸다가 되돌아왔다. 그리고 역시 말을 몰 줄 아는 요리사에게 남쪽의 앨러모사 아로요로 가라고 지시한 뒤 야생마들이 사라진 남동쪽으로 달려갔다.

2, 3킬로미터쯤 가자 야생마들이 눈에 들어왔다. 조는 소리 없이 다가가 야생마들이 깜짝 놀라 남쪽으로 원을 그리며 도망치게 했다. 그러고는 말들을 따라가지 않고 말들이 갈 만한 곳을 향해 1시간쯤 달렸다. 다시 야생마들의 모습이 가까이에서 보였다.

조는 이번에도 말들 쪽으로 살금살금 다가갔고 말들은 또다시 깜짝 놀라 도망쳤다. 야생마들은 그렇게 그날 오후를 보내고 차츰 남쪽을 향해 원을 그리며 내려가다가 해 질 무렵 조의 예상대로 앨러모사 아로요에서 멀지 않은 곳에 이르렀다.

야생마 떼는 조가 다가가자 깜짝 놀라 다시 달아났고, 조는 미리 기다리고 있던 마차로 갔다. 그러자 느긋이 기다리고 있던 조의 동료 찰리가 기운이 팔팔한 말을 타고 천천히 추격을 시작했다.

조가 저녁을 먹고 나서 포장마차는 미리 계획한 대로 앨러모사의 상류 여울로 이동하여 천막을 치고 야영 준비를 했다.

한편 찰리는 야생마들을 계속 쫓아갔다. 야생마들은 처음만큼 멀리 달아나지 않았다. 추격자는 공격할 뜻이 없는 것 같았고, 말들은 이제 쫓기는 것에 익숙해졌기 때문이다. 땅거미가 내렸지만 무리 중에 눈처럼 하얀 암말이 있었기 때문에 야생마들은 금방 눈에 띄었다.

희끄무레한 초승달과 자기 말의 방향 감각에 의지하여 찰리는 유령처럼 하얀 암말과 그 무리를 조용히 따라갔다. 하지만 결국 야생마 떼는 밤의 어둠 속으로 사라지고 말았다. 찰리는 말에서 내려 안장을 벗기고 말뚝에 말을 맨 다음 모포를 덮고 순식간에 잠에 곯아떨어졌다.

찰리는 첫새벽에 일어났다. 하얀 암말 덕분에 찰리는 800미터도 못 가서 야생마 무리를 발견했다. 찰리가 다가가자 페이서가 요란하게 울어 댔고 암말들은 우르르 도망쳤다.

첫 번째 메사에 이르자 말들은 걸음을 멈추고 뒤를 돌아보았다. 이 끈질긴 추격자가 누구이며 무엇 때문에 자기들을 쫓아오는지 알아보려는 듯했다. 한동안 말들은 하늘을 등지고 서서 찰리를 빤히 바라보았다. 마침내 검은 유성과 같은 야생마가 알고 싶은 만큼 알았다는 듯 갈기를 휘날리며 고른 보폭으로 지치지도 않고 달려가자 암말들이 뒤이어 밀물처럼 몰려갔다.

야생마들은 원을 그리며 서쪽으로 갔다. 달아나고, 쫓아가고, 따라잡고, 다시 도망치기를 서너 번 되풀이하다가, 정오가 다 되어 갈 무렵 옛 아파치족의 망루인 버펄로 절벽을 지났다. 그러자 거기서 망을 보고 있던 조가 가느다란 연기를 피워 올려 야영하러 오라고 신호를 보냈고, 찰리는 손거울을 반짝여 알았다고 대답했다.

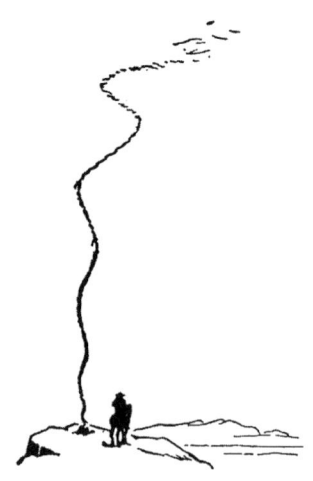

이제는 조가 다시 말에 올라 추격을 이어 갔다. 그동안 찰리는 야영지로 돌아와서 배를 채우고 한숨 돌린 다음 상류 쪽으로 올라갔다.

조는 하루 종일 야생마들을 쫓아다녔다. 필요할 때는 야생마 떼가 거대한 원을 그리며 도망치게 하고, 포장마차는 그 원을 짧게 가로질러 갔다. 해 질 녘에 조는 버드 여울에 닿았다. 그곳에서는 찰리가 팔팔한 말과 신선한 음식을 준비해 놓고 기다리고 있었다. 조는 차분하고도 끈질기게 저녁 내내, 그리고 밤까지 말들을 쫓아갔다. 특별히 해를 끼치지 않는 낯선 추격자에게 야생마들이 웬만큼 익숙해져서 추격하기가 쉬워졌기 때문이다. 게다가 말들은 쉴 새 없는 여행에 지쳐 가고 있었다.

말들 앞에는 더 이상 맛있는 풀밭이 없었고, 추격자를 태우고 다니는 말들처럼 누가 곡물을 주는 것도 아니었다. 그리고 사소한 것 같지만, 한시도 긴장을 풀 수 없다는 점이 가장 고달팠다. 그래서 말들은 식욕이 떨어지고 목이 몹시 말랐다.

기회가 있을 때마다 말들은 한껏 물을 마셨고, 추격자들도 그러라고 부추겼다. 누구나 익히 알고 있듯이, 달리는 동물은 물을 많이 마시면 다리가 뻣뻣해지고 폐활량이 줄어든다. 조는 자기 말이 물을 많이 마시지 않도록 신경을 썼기 때문에, 그날 밤 지친 야생마들의 뒤를 밟을 때나 밤에 야영할 때도 조와 그의 말은 여전히 쌩쌩했다.

새벽녘에 조는 가까이 있는 말들을 쉽게 발견했다. 야생마들은 처음 한동안은 뛰었지만 이내 걷기 시작했다. 이제 싸움은 조의 승리로 끝날 것 같았다. '진이 빠질 때까지 추격하기'에서 가장 힘든 것은 말들이 쌩쌩한 처음 이삼 일 동안에 놓치지 않고 따라다니는 일이기 때문이다.

조는 오전 내내 야생마들이 보이는 곳에 있었고, 대개는 가깝게 접근해 있었다. 10시쯤 찰리와 조는 호세 봉우리 근처에서 교대했다. 야생마들은 전날보다 눈에 띄게 기운이 빠진 모습으로 고작 400미터쯤 앞서 걸어가 다시 북쪽으로 원을 그리며 나아갔다. 밤이 되자 찰리는 쌩쌩한 말로 바꾸어 타고 추격을 계속했다.

이튿날 야생마들은 머리를 푹 숙인 채 이따금 페이서가

다그쳐도 아랑곳하지 않고 추격자들보다 고작 100미터 앞에서 걸어갔다.

  넷째 날과 다섯째 날에도 똑같은 상황이 되풀이되었다. 말들은 이제 다시 앤텔로프 샘 가까이로 되돌아와 있었다. 여기까지는 모든 것이 예상대로 순조롭게 진행되었다. 추격은 거대한 원을 그리며 이루어졌고, 포장마차는 좀 더 작은 원을 그리며 따라갔다.

  야생마들은 지칠 대로 지쳐서 원점으로 되돌아왔지만, 사냥꾼들은 여전히 쌩쌩했고 역시 쌩쌩한 말을 타고 돌아왔다. 오후 늦게까지 물을 마시지 못한 야생마들은 샘으로 쫓겨 오자 배가 터지도록 물을 마셨다. 이제는 능숙한 올가미꾼들이 곡물을 먹인 말을 타고서 야생마들을 포위할 차례다. 갑자기 물을 많이 마시면 숨 쉬기도 어렵고 다리가 뻣뻣하게 굳는다. 그러니 지금 야생마들에게 한 마리씩 올가미를 씌우고 다리를 묶는 것은 식은 죽 먹기일 것이다.

  이 계획의 유일한 걸림돌은 검은 야생마였다. 목표물인 검은 야생마는 무쇠로 만들어졌는지 끊임없이 힘차게 달렸다. 그뿐만 아니라 추격을 시작한 아침과 다름없이 날렵하고 활기찼다. 검은 야생마는 이리저리 오가며 흩어진 암말들을 모으고 소리와 몸짓으로 계속 도망치라고 다그쳤다.

  하지만 암말들은 지쳐 있었다. 밤 추격 때 가장 큰 도움이 되었던 하얀 암말은 지칠 대로 지쳐서 이미 몇 시간 전에 무리에서 떨어져 나갔다. 암말들은 더 이상 추격자를 두려워하는 것 같지 않았고, 야생마 무리는 거의 조의 손아귀에 들어온 것이나 다름없었다. 하지만 이 사냥의 목표물은 예전이나 지금이나 다름없이 잡힐 기미가 보이지 않았다.

참으로 난처한 일이 아닐 수 없었다. 동료들은 조의 성격을 잘 알기 때문에 조가 홧김에 검은 야생마를 쏜다 해도 놀라지 않았을 것이다. 하지만 조는 그럴 마음이 눈곱만치도 없었다.

조는 일주일 내내 야생마 무리를 추격했지만, 검은 야생마가 걸음을 흐트러트리고 미친 듯이 질주하는 모습은 한 번도 보지 못했다.

말을 키우는 사람으로서, 조는 날이 갈수록 이 훌륭한 말을 더욱 숭배하게 되었다. 그리고 마침내 이런 멋진 짐승을 총으로 쏘느니 차라리 자기 말 중에서 가장 좋은 말을 쏘는 게 낫다고 생각하기에 이르렀다.

심지어 조는 이 말을 잡아 오는 자에게 돌아갈 후한 상금을 받아야 할 것인지까지 고민이 되었다. 이런 말이라면 페이스 경주에 나갈 경주마들의 아비가 되게 해 주는 것만으로도 한 밑천 톡톡히 잡을 수 있기 때문이다.

하지만 큰 밑천이 되어 줄 말은 여전히 잡히지 않고 있었다. 이윽고 사냥을 마무리 지을 때가 되었다. 조는 자기 말 가운데 가장 훌륭한 말을 선택했다. 동부 쪽 혈통으로 서부 평원에서 자란 이 암말이 조의 손에 들어오게 된 것은 희한한 약점 때문이었다.

이 지역에는 로코라는 독풀이 자란다. 대부분의 가축은 입에도 대지 않지만, 간혹 이 풀을 맛보았다가 중독되는 경우가 있다. 로코 풀은 모르핀과 같은 효능이 있어서, 한번 중독된 동물은 한동안은 정상적으로 지내지만 그 풀을 계속 먹어 대다가 결국에는 미쳐서 죽는다. 그래서 광기를 띤 짐승을 보면 로코 풀에 중독되었다고들 한다. 전문가라면 조의 가장 훌륭한 말이 사나운 눈빛을 번뜩이는 이유가 무엇인지 짐작할 수 있을 것이다.

하지만 이 암말이 워낙 민첩하고 튼튼했기 때문에, 조는 이 말을 타고 추격전의 마지막을 장식하기로 했다. 지칠 대로 지친 암말들은 올가미로 쉽게 잡을 수 있었지만, 굳이 그렇게 하지 않아도 암말들을 검은 지도자한테서 떼어 내어 목장으로 몰고 갈 수 있을 것 같았다.

하지만 그 우두머리는 아직도 야성의 힘을 발휘하고 있었다. 조는 훌륭한 적을 만난 것을 기뻐하며 앞으로 뛰어나갔다. 조는 올가미로 쓸 밧줄을 땅바닥에 던졌다가 잡아당겨 엉킨 것을 풀고는 왼쪽 손바닥에 둘둘 감으면서 말을 몰았다. 그러고는 추격을 시작한 뒤로 처음으로 말 옆구리에 박차를 가해 400미터쯤 떨어져 있는 야생마를 향해 쏜살같이 달려갔다.

조는 전력을 다해 달렸고, 지친 암말들은 양쪽으로 흩어지며 길을 비켜 주었다. 조의 말은 탁 트인 들판을 똑바로 가로질러 전속력으로 달렸지만, 야생마는 여전히 처음의 거리를 유지하며 그 유명한 걸음걸이로 앞장서서 달렸다.

조는 믿을 수 없었다. 그래서 말에게 고함치며 더욱 거칠게 박차를 가했지만 한 치도 따라붙지 못했다. 야생마는 평지를 가로질러 비누나무유카가 자라는 메사를 올라갔다 내려와 푹푹 꺼지는 모래 평원을 가로지르더니 프레리도그가 울어 대는 풀밭 너머로 사라졌다. 조는 뒤따라갔지만 거

리가 더욱 벌어진 것을 보고 자기 눈을 의심할 수밖에 없었다. 조는 재수가 없다고 투덜대면서 말에게 박차를 가했다. 가엾은 말은 너무나 겁에 질려 눈알을 뒤룩거리며 미친 듯이 고개를 흔들어 대다가 발을 헛디뎌 오소리 굴에 빠지고 말았다. 그 바람에 말이 고꾸라지자, 조는 허공에 부웅 떴다가 땅바닥에 나동그라졌다. 심한 타박상에도 불구하고 조는 다시 일어나서 그 미친 짐승에 올라타려고 했다. 하지만 가엾은 짐승은 그것으로 끝이었다. 앞다리가 부러져 덜렁거렸던 것이다.

 조가 할 일은 한 가지뿐이었다. 조는 암말의 숨을 끊어 고통에서 벗어나게 해 준 다음 안장을 들고 야영지로 돌아왔다. 그동안 페이서는 거침없이 달려 조의 눈앞에서 사라졌다.

 하지만 완전히 실패한 것은 아니었다. 어쨌든 암말들이 모두 고분고분해졌고, 조와 찰리는 암말을 몰고 '엘에프' 목장을 찾아가 충분한 보상을 요구했으니까 말이다. 그럼에도 야생마를 손에 넣고야 말겠다는 조의 결심은 더욱 굳어만 갔다. 조는 검은 야생마가 어떤 말인지 눈으로 직접 본 뒤로 그 야생마를 더욱 소중히 여기게 되면서, 그 말을 잡기 위한 묘안을 짜느라 여념이 없었다.

4

조의 원정대에 동행했던 요리사는 베이츠라는 사내였다. 그는 오지도 않는 편지와 소포를 찾으러 꼬박꼬박 우체국에 갔는데, 그럴 때면 자신을 토머스 베이츠라고 소개했다. 목장 일꾼들은 베이츠가 덴버에 등록해 놓았다는 가축 낙인의 모양을 따서 베이츠를 톰 터키트랙*이라고 불렀다. 베이츠는 북부의 어느 들판에 자신의 낙인이 찍힌 소와 말이 수없이 많다고 했다.

베이츠는 야생마를 산 채로 잡는 일에 동업자로 참가하지 않겠냐는 제의를 받았을 때, 말을 잡아 봤자 한 마리에 1달러도 못 받는다고 빈정거리며 차라리 쥐꼬리만 한 급료를 받겠다고 했다. 그 말은 사실이었다. 하지만 페이서가 달리

---

*칠면조 발자국이라는 뜻.

는 모습을 한 번이라도 본 사람이라면 열이면 열, 모두 열광하게 마련이다.

터키트랙 역시 마음이 바뀌었다. 그도 야생마를 갖고 싶었지만 잡을 길이 막막했다. 그러던 어느 날 터키트랙이 일하던 목장에 빌 스미스라는 사람이 찾아왔다. 빌 스미스는 편자 모양의 낙인을 갖고 있어서 '편자 빌리'라는 이름으로 더 잘 알려져 있었다. 편자 빌리는 질 좋고 신선한 쇠고기와 빵과 맛없는 커피, 말린 복숭아와 당밀이 차려진 탁자 앞에 앉아 빵을 꾸역꾸역 씹으며 떠들어 댔다.

"음, 오늘 그 페이서란 놈을 꼬리를 잡을 수 있을 만큼 가까이에서 보았지."

"뭐? 설마 총을 쏘진 않았겠지?"

"안 쐈어. 그럴 뻔하긴 했지만."

그러자 탁자 맞은편 끝에 앉아 있던, '작대기가 두 개 있는 H' 모양의 낙인을 가지고 있는 목장 일꾼이 말했다.

"그런 바보 같은 짓 하지 않게 조심해. 나는 이달이 가기 전에 그놈에게 내 낙인을 찍고 말 거야."

"서둘지 않으면 자네가 갔을 때는 이미 그놈의 옆구리에 '삼각형과 점' 낙인이 찍혀 있을걸."

"그놈을 어디서 봤나?"
"내가 앤텔로프 샘 가의 평지를 지나가는데, 골풀밭 안쪽의 마른 진흙 위에 웬 짐승 같은 게 널브러져 있지 않겠나? 처음에는 우리 가축인가 싶어서 올라가 봤더니, 말이 넙죽 누워 있더라고. 바람이 내 쪽으로 불고 있어서 가까이 가 보았더니 페이서가 죽은 생선처럼 꼼짝 않고 있지 않겠어? 퉁퉁 불어 있거나 뜯어 먹힌 것 같지도 않고 냄새도 안 나서 어찌 된 일인가 하고 어리둥절했지. 한데 페이서가 귀를 씰룩여 파리를 쫓는 것을 보고서야 잠이 든 줄 알았지. 옳다구나, 이때다 싶어 밧줄을 내려서 둘둘 감는데, 밧줄이 낡은 데다 영 약해 보이는 거야. 게다가 안장에 연결된 뱃대끈은 하나뿐이고, 녀석을 끌고 가기에는 내 말이 힘에 부칠 것 같았어. 나는 이렇게 중얼거렸지. '아무래도 안 되겠어. 뱃대끈이 끊어져서 나는 바닥에 나동그라지고 안장만 못 쓰게 될 거야.' 그래서 밧줄 매듭으로 안장 앞머

리를 탁 쳤어. 자네들도 그 광경을 봤어야 하는 건데. 그놈은 2미터나 펄쩍 뛰어올랐다가 네발로 착 내려서더니 기차라도 끄는 것처럼 콧김을 씩씩 뿜어 댔지. 그러고는 눈을 휘둥그레 뜨고는 캘리포니아 쪽으로 미친 듯이 달리는 거야. 그때처럼 계속 달렸다면 지금쯤 캘리포니아에 도착했을걸. 장담하건대, 거기까지 가는 동안 단 한 번도 쉬지 않고 말일세."

편자 빌리의 이야기는 여기에 쓰여 있는 것처럼 조리 있지 않았다. 워낙 식욕이 왕성하고 스스럼없는 젊은이라서, 먹는 데 정신이 팔려 두서없이 지껄여 댔기 때문이다. 하지만 이야기는 의심스러운 곳이 없었고 모두들 그의 말을 믿었다. 빌리는 믿을 만한 젊은이였기 때문이다.

이야기를 듣던 사람들 중에서 터키트랙은 말을 가장 적게 했지만 생각은 가장 많이 했을 것이다. 빌리의 이야기 덕분에 새로운 생각을 떠올렸으니까 말이다.

저녁 식사 후 터키트랙은 담배를 피우면서 계획을 짰다. 혼자서는 할 수 없다고 판단한 터키트랙은 편자 빌리를 새로운 사업에 끌어들였다. 그 사업이란 페이서를 산 채로 잡고 화물차에 가둬서 5천 달러로 오른 상금을 타 내는 일이었다.

페이서는 여전히 앤텔로프 샘으로 물을 먹으러 왔다. 앤텔로프 샘의 수면이 낮아지면 사초와 샘 사이에 시커멓게 말라붙은 진흙밭이 넓게 드러난다. 이 진흙밭에는 물을 마시러 오는 동물들이 만든 오솔길 두 개가 뚜렷이 나 있다. 말과 들짐승들은 대개 이 길로 다녔지만, 뿔 달린 가축들은 거리낌 없이 사초밭을 가로질러 다녔다.

두 사내는 이 중에서 짐승들이 많이 쓰는 길에 길이 4.5미터, 너비 1.8미터, 깊이 2미터짜리 함정을 팠다. 야생마가 물을 마시러 오기 전에 일을 끝내야 했고 땅을 다 파기도 전에 물기가 스며 나왔기 때문에 꼬박 20시간을 힘들게 일했다. 땅을 다 판 다음에는 장대와 관목과 흙으로 함정을 교묘하게 감추었다. 그러고는 멀찌감치 떨어진 곳에 파 놓은 구덩이에 들어가 몸을 숨겼다.

한낮이 되자, 암말들을 빼앗긴 페이서가 홀로 샘가로 왔다. 페이서는 맞은편 길로는 거의 다니지 않았지만, 터키트랙은 혹시 페이서가 변덕을 부려서 평소에 다니지 않는 길을 택하지 않도록 맞은편 길에다 일부러 싱싱한 골풀을 던져 놓았다.

대체 어떤 천사가 있어 잠도 자지 않고 야생 동물들을 지켜보며 보살펴 주는 것일까? 페이서는 별다른 이유도 없이 평소에 다니던 길을 버리고 다른 길로 왔다. 골풀이 수상쩍긴 했지만 페이서는 걸음을 멈추지 않고 천천히 샘으로 다가가 물을 마셨다.

여기서 실패를 막는 방법은 딱 하나뿐이었다. 말들이 으레 그렇듯 페이서가 다시 한번 물을 마시려고 머리를 숙이는 순간, 톰과 빌리가 구덩이에서 튀어나와 재빨리 페이서가 온 길로 뛰어갔다. 그러고는 페이서가 당당하게 머리를 들자, 빌리가 페이서의 엉덩이 쪽 땅에다 총을 쏘았다.

그러자 페이서는 그 유명한 걸음걸이로 곧장 함정이 있는 쪽으로 뛰어갔다. 이제 곧 페이서는 함정에 빠질 터였다. 페이서가 그쪽 길로 들어섰으므로 두 사람은 말을 다 잡았다고 생각했다. 하지만 야생 동물의 수호천사가 페이서 곁에 머물며 신비로운 경고를 해 준 듯, 페이서는 4.5미터나 되는 함정을 힘차게 뛰어넘더니 털끝 하나 다치지 않은 몸으로 땅을 박차며 사라졌다. 그 뒤로 페이서는 앤텔로프 샘을 찾아올 때 어느 쪽 오솔길도 두 번 다시 이용하지 않았다.

5

 조 역시 결코 낙담하지 않았다. 조는 반드시 야생마를 잡으리라 마음먹었다. 그리고 다른 사람들도 그 야생마를 잡으려고 애쓴다는 사실을 알자, 여태껏 아무도 시도한 적 없는 최고의 계획을 당장 행동에 옮겼다. 그것은 코요테가 자기보다 빠른 산토끼를 잡고, 말을 탄 인디언이 말보다 훨씬 빠른 영양을 잡는 방법, 바로 릴레이 추격이라는 유서 깊은 방법이었다.

 페이서의 터전은 남쪽으로는 캐나디안강과 그 지류, 북동쪽으로는 피나베티토 아로요, 서쪽으로는 유트크리크 협곡과 돈카를로스 언덕에 이르는 96킬로미터의 삼각형 지대로 이루어져 있었다. 페이서는 이 삼각형 밖으로는 결코 나가지 않았으며, 앤텔로프 샘을 활동의 중심지로 삼았다. 조는 페이서가 다니는 길뿐 아니라 모든 물웅덩이와 골짜기를 가로지르는 길에 이르기까지 이 지역 구석구석을 잘 알고 있었다.

 만약 조가 훌륭한 말 쉰 마리를 가지고 있었다면, 중요한 지점마다 빈틈없이 말을 배치했을 것이다. 하지만 조는 말 스무 마리와 훌륭한 기수 다섯 명밖에 구하지 못했다.

 조는 우선 지난번에 2주일 동안 곡물을 먹이며 페이서를 추격했던 말들을 앞장세웠다. 기수들한테도 저마다 역할을 맡기고, 추격을 시작하기 전날 각자의 자리로 보냈다. 출발하는 날 조는 마차를 몰고 앤텔로프 샘이 있는 평원으로 가서 멀찍이 떨어진 작은 도랑에 천막을 치고 기다렸다.

드디어 그 새까만 말이 나타났다. 검은 말은 요즘 들어 늘 그렇듯이 혼자 남쪽 모래 산에서 나타나서는 차분하게 샘으로 내려가, 숨어 있을지도 모르는 적의 냄새를 맡으려고 샘가를 한 바퀴 빙 돌았다. 그러고는 아무도 지나다닌 흔적이 없는 곳으로 가서 물을 마셨다.

조는 페이서가 물을 배불리 마시기를 바라며 가만히 지켜보았다. 페이서가 돌아서서 풀을 뜯으려는 순간, 조가 말에 박차를 가했다. 발굽 소리에 머리를 든 페이서는 뛰어오는 말을 보더니 순식간에 멀찍이 달아났다.

야생마는 평지를 가로질러 남쪽으로 내려갔고, 그 유명한 걸음걸이로 성큼성큼 뛰어가며 조와의 거리를 더욱 벌려 놓았다. 야생마는 모래언덕을 지날 때도 그 걸음걸이를 흐트러트리지 않으며 꽤 앞서갔고, 짐을 많이 실은 조의 말은 발목까지 푹푹 빠지는 모래땅을 죽어라고 뛰었지만 점점 뒤처졌다.

이윽고 거리를 좁힐 수 있을 만한 평지로 접어들었지만, 이번에는 조의 말이 제 실력을 발휘할 수 없는 긴 내리막길이 나타나는 바람에 한 걸음 내디딜 때마다 거리는 더욱 벌어졌다.

하지만 추격전은 계속되었다. 조는 아낌없이 박차를 가하고 채찍을 휘둘렀다. 1킬로미터, 1킬로미터, 또 1킬로미터. 마침내 멀리 아리바 협곡의 바위가 보였다.

그곳에서 쌩쌩한 말들이 기다리고 있다는 것을 아는 조는 쏜살같이 그리로 달려갔다. 야생마는 산들바람에 칠흑처럼 새까만 갈기를 시원스레 휘날리며 쭉쭉 앞서 나갔다.

페이서가 아리바 협곡에 이르자, 길목을 지키던 사람이 옆으로 비키며 길을 터 주었다. 야생마가 달리는 방향을 바꾸지 않도록 하기 위해서였다. 이윽고 야생마는 그곳을 지나쳐 흐트러지지 않는 걸음걸이, 자신이 아는 유일한 걸음걸이로 쏜살같이 비탈을 내려갔다가 다시 올라갔다.

곧이어 조가 땀으로 범벅이 된 말을 타고 와서 기다리고 있던 다른 말에 훌쩍 올라탔다. 그러고는 말을 재촉해 야생마를 뒤쫓아 비탈을 내려갔다 올라갔고, 고지대에 이르러 다시 한번 말에게 박차를 가하며 달리고 또 달렸지만 야생마와의 거리는 한 치도 좁히지 못했다.

따각 딱, 따각 딱, 따각 딱. 야생마는 규칙적인 소리를 내며 달렸다. 그렇게 한 시간, 한 시간, 또 한 시간이 지나자 교대할 말들이 기다리는 앨러모사 아로요가 바로 눈앞에 나타났다. 조는 소리를 지르며 계속 말을 몰아갔다.

검은 야생마는 앨러모사 아로요 쪽으로 달리다가 마지막 3킬로미터를 남겨 놓고 이상한 예감이 들었는지 왼쪽으로 돌아섰다. 조는 야생마가 어디로 도망칠지 예상하고 어떻게든 앞지르려고 지친 말을 다그쳤다. 지금까지도 열심히 달리긴 했지만, 이제 경주는 그 어느 때보다도 격렬해져서 숨이 턱까지 차오르고 무리하게 뛸 때마다 가죽 안장이 끽끽 소리를 냈다. 지름길을 달려 따라잡을 듯하자, 조는 연거푸 총을 쏘아 먼지를 일으켰다. 야생마가 어쩔 수 없이 방향을 바꿔 오른쪽 길로 아로요를 지나게 하기 위해서였다.

야생마와 조는 아로요로 내려갔다. 야생마는 아로요를 건넜고, 조는 말에서 펄쩍 뛰어내렸다. 조의 말은 45킬로미터나 쉬지 않고 달린 탓에 녹초가 되었고, 조도 지칠 대로

지쳐 있었다. 알칼리성 먼지가 날아 들어와 눈이 따끔거렸
다. 조는 앞이 잘 보이지 않아서 '동료'에게 '앨러모사 여울
까지 그 녀석을 곧장 몰고 가라'고 몸짓으로 알렸다.

  기수는 기운 찬 말을 타고 총알처럼 달려갔다. 그리고 야
생마를 쫓아 완만히 솟았다 내려가는 평원을 오르내리며
멀리 사라졌다. 검은 말은 눈처럼 하얀 비지땀으로 몸통이
얼룩졌고, 거칠게 들썩이는 갈비뼈와 거친 숨소리가 지금
의 몸 상태를 말해 주었다. 그래도 검은 말은 쉬지 않고 달
렸다.

  진저라는 말에 올라탄 기수는 야생마를 따라잡는가 싶더
니, 결국 점점 더 뒤처졌다. 그리고 한 시간 뒤, 앨러모사의
긴 내리막길이 나타났다. 거기서 또 다른 동료가 새 말을
타고 야생마를 서쪽으로 몰았고, 프레리도그가 사는 지역
을 지나 비누나무유카밭과 선인장 덤불을 수십 군데나 통
과하며 찔리고 비틀거리면서도 계속 말을 달렸다.

검은 야생마는 먼지와 땀으로 얼룩져 갈색이 되었지만, 걸음걸이만은 여전했다. 뒤쫓아 가던 젊은 기수 캐링턴은 출발할 때부터 말을 다그쳐서 상처를 입혔고, 급기야 페이서도 놀라서 뒷걸음질 칠 만큼 깊고 험한 골짜기를 건너라고 말을 채근했다. 그러다 말이 한 발짝 삐끗하면서 골짜기 아래로 떨어지고 말았다.

다행히 젊은 기수는 탈출했지만 말은 그대로 쓰러져 있었고, 검은 말은 아랑곳없이 계속 달아났다.

마침 근처에 있는 갤러고 영감의 목장에서는 휴식을 취한 조가 추격을 계속하기 위해 대기하고 있었다. 반 시간도 채 안 되어 조는 페이서의 발자취를 따라 질주했다.

멀리 서쪽으로 돈카를로스 언덕이 보였다. 불굴의 기수 조는 건장한 사내들과 말들이 기다리는 그곳으로 페이서를 몰아가려고 했다. 그러나 페이서는 본능적으로 어떤 위험을 느꼈는지 갑자기 변덕을 부리며 방향을 틀었다. 페이서가 재빨리 북쪽으로 몸을 돌리자 능숙한 카우보이인 조는 고함을 지르고 총을 쏘아 먼지를 일으켰다.

하지만 검은 야생마가 별똥별처럼 미끄러지듯 협곡을 내려갔기 때문에 따라갈 수밖에 없었다. 가장 힘겨운 추격전이 시작되는 순간이었다. 조는 야생마한테도

야생마는 그 유명한 걸음걸이로 달아났다.

가혹했지만 말과 자기 자신한테는 더욱 가혹했다. 뙤약볕이 내리쬐는 평원은 열기를 아른아른 뿜어냈고, 입술과 눈은 모래와 소금기로 따가웠지만 추격전은 빠르게 이어졌다.

이길 방법은 단 하나, 야생마를 아로요의 여울로 되몰고 가는 것이었다. 마침내 검은 말이 처음으로 지친 기색을 내비쳤다. 이제는 갈기와 꼬리를 예전처럼 높이 쳐들지 않았고, 800미터쯤 벌어져 있던 거리도 반으로 줄어들었다. 그러나 야생마는 여전히 걸음걸이를 흐트러트리지 않고 꾸준히 달리며 앞서갔다.

한 시간, 또 한 시간이 지났지만 달라진 것은 전혀 없었다. 야생마와 조는 다시 방향을 바꾸어, 밤이 가까울 무렵 30킬로미터 떨어진 아로요의 여울에 이르렀다. 아직 기운이 남아 있던 조는 거기서 대기하고 있던 말로 갈아탔다. 조가 타고 온 말은 헉헉거리며 개울로 가서 허겁지겁 물을 마시더니 그대로 죽고 말았다.

그것을 보며 조는 비지땀을 흘리는 검은 야생마도 물을 마시리라 기대하고 잠시 머뭇거렸다. 하지만 야생마는 영리했다. 야생마는 물을 딱 한 모금 마시고는 개울을 첨벙첨벙 지나 조를 재빨리 앞질러 갔다. 검은 말은 쉬이 닿을 수 없을 만큼 멀리 앞서갔고, 그 뒤를 따르는 조의 말도 이내 시야에서 사라졌다.

이튿날 아침 조는 걸어서 야영지로 왔다. 조의 이야기는 간단했다. 말 여덟 마리가 죽고 다섯 사람이 지칠 대로 지쳤으며, 무적의 페이서는 아무 탈 없이 자유를 누리고 있다는 것이었다.

"안 되겠어. 어쩔 도리가 없어. 그냥 기회가 있었을 때 그 징그러운 놈에게 총구멍을 내 버릴걸 그랬어."

조는 이렇게 말하고는 검은 야생마를 깨끗이 포기했다.

6

터키트랙은 이 추격전에도 요리사로 따라갔고, 누구보다도 흥미롭게 지켜보았다. 결국 추격전이 실패로 돌아가자, 터키트랙은 냄비를 휘휘 저으며 이죽거렸다.

"내가 바보 멍청이가 아닌 다음에야 그 야생마는 내 거지, 암."

그러고는 평소의 습관대로 성서 이야기를 들먹이며 냄비에게 말을 걸었다.

"블레셋 사람들은 델릴라를 이용해서 삼손의 힘을 빼앗으려 했지. 그리고 우리가 잘 알다시피 아담은 하와의 꾐에 빠지지 않았더라면 지금도 에덴동산에서 빈둥거리고 있을 테고. 흥, 그놈 몸값으로 5천 달러는 너무 적어."

워낙 사람들한테 시달리다 보니 페이서는 어느 때보다 거칠어졌다. 그러나 앤텔로프 샘을 떠나지는 않았다. 샘터 중에서 사방 1.5킬로미터 안에 적이 숨을 만한 은신처가 없는 곳은 앤텔로프 샘뿐이었다. 페이서는 거의 매일같이 정오쯤에 와서 그 주변을 꼼꼼히 살펴본 다음 물을 마셨다.

거느리던 암말들이 잡혀 갔기 때문에 페이서는 겨우내 쓸쓸하게 지냈고 터키트랙도 그 사실을 잘 알고 있었다. 이 늙은 요리사는 친구의 멋진 갈색 암말이 자기 계획에 안성맞춤이라고 판단했다. 그리고 야생마의 다리를 묶을 가장 튼튼한 끈 한 쌍, 삽, 여분의 올가미 그리고 굵은 말뚝을 가지고 암말에 올라타고는 그 유명한 샘으로 갔다.

영양 몇 마리가 평원의 신선한 아침 공기를 가르며 지나갔다. 곳곳에 소들이 떼 지어 누워 있고, 달콤한 종달새 노랫소리가 사방에서 들려왔다. 눈이 내리지 않는 메사의 맑은 겨울이 지나고 봄이 다가오고 있었다. 풀밭에는 초록빛이 감돌고, 모든 자연이 사랑을 꿈꾸는 것 같았다.

사랑은 공기 중에 아련히 감돌았고, 말뚝에 매여 풀을 뜯던 조그만 갈색 암말은 이따금 코를 치켜들고는 히이힝 하고 날카롭게 울었다. 그것이 노래라면 틀림없이 사랑의 노래였을 것이다.

터키트랙은 바람과 지형을 살펴보았다. 지난번에 고생고생해서 팠던 함정이 훤히 드러나 있고 차오른 물에는 빠져 죽은 프레리도그며 들쥐들이 가득했다. 함정 옆에는 동물들이 함정을 비켜 가느라 오고 간 새로운 오솔길이 있었다.

터키트랙은 풀이 무성한 평평한 땅 근처의 잡초 덤불을 골라 말뚝을 단단히 박고서, 몸을 숨길 만한 큰 구덩이를 파고는 그 안에 담요를 깔았다. 그러고는 암말이 움직이지 못하도록 고삐를 바짝 당겼다. 암말 앞에는 올가미를 놓고 긴 쪽을 말뚝에 묶고서 흙과 풀로 덮은 다음 은신처에 숨었다.

정오 무렵, 오랜 기다림 끝에 멀리 서쪽 고지대에서 사랑스러운 암말의 울음소리에 대답하는 소리가 들려오더니, 그 유명한 검은 야생마가 하늘을 등지고 나타났다.

야생마는 규칙적인 걸음걸이를 유지하며 달려왔지만, 오랜 추격에 단련된 탓인지 때때로 멈춰 서서 주위를 살펴보며 히이힝거렸다. 그때 또다시 야생마의 마음을 뒤흔드는 소리가 났다. 야생마는 암말에게 다가가 다시 한번 히힝 울었다. 하지만 이상한 낌새를 눈치챘는지 적의 냄새를 찾으려고 큰 원을 그리며 미심쩍은 듯 주변을 빙빙 돌았다.

야생의 수호천사가 "가지 마." 하고 속삭였다. 그러나 갈색 암말이 다시 불렀다. 야생마는 더욱 가까이 다가가 암말의 주위를 맴돌며 다시 히힝 울었다. 그리고 암말이 대답하는 소리를 듣자 모든 두려움이 사라지고 가슴이 뜨겁게 달아오르는 듯했다.

야생마는 더 가까이 뛰어가서 마침내 암말과 코를 맞댔다. 그리고 암말도 자신을 무척 좋아한다는 것을 확인하고는 위험 따위는 아랑곳없이 사랑의 기쁨에 자신을 내맡겼

다. 야생마가 겅중거리며 주위를 도는 순간, 마침내 뒷다리가 사악한 올가미 안으로 들어왔다. 터키트랙은 때를 놓치지 않고 능숙한 솜씨로 단번에 올가미를 잡아당겼고, 올가미가 꽉 죄어들면서 야생마는 꼼짝없이 잡히고 말았다.

야생마가 겁에 질려 콧김을 내뿜으며 펄쩍 뛰어오르자, 터키트랙은 그 틈을 타서 밧줄을 더욱 단단히 묶었다. 순식간에 생겨난 둥그런 매듭이 야생마의 힘센 발굽을 묶어 버렸다.

공포를 느낀 야생마는 순간적으로 두 배의 힘과 속력을 냈지만, 올가미에 묶인 상태에서는 아무 소용이 없었다. 그러자 구부정한 늙은이가 은신처에서 뛰쳐나와 멋지고 훌륭한 짐승을 손아귀에 넣었다. 아무리 엄청난 힘도 늙은이의 꾀 앞에서는 상대가 되지 않았던 것이다. 그 위대한 짐승은 콧김을 내뿜으며 엄청난 힘으로 펄쩍펄쩍 뛰면서 올가미에서 벗어나려고 격렬하게 몸부림쳤다. 하지만 밧줄은 끄떡도 하지 않았다.

터키트랙은 또 다른 올가미를 솜씨 좋게 던져 앞발마저 묶어 버렸다. 이제 페이서는 '네발이 묶인' 채 땅바닥에 쓰러져 거칠게 버둥거렸다. 페이서는 진이 빠질 때까지 몸부림치며 경련을 일으키듯 흐느껴 울었다. 눈물이 뺨을 타고 흘렀다.

옆에 서서 그 모습을 지켜보던 터키트랙은 갑자기 묘한 감정에 휩싸였다. 늙은 목장 일꾼은 머리끝부터 발끝까지 덜덜 떨며 초조해했다. 처음 수송아지를 밧줄로 잡은 이래 한 번도 느껴 보지 못한 감정이었다. 터키트랙은 한동안 자신이 사로잡은 훌륭한 포로를 멍하니 바라보기만 했다.

하지만 그 감정은 곧 사라졌다. 터키트랙은 암말의 등에 안장을 얹고 두 번째 올가미를 푼 다음 그 위대한 말의 목에 밧줄을 걸었다. 그러고는 야생마가 머리를 움직이지 못하도록 암말에게 고정한 뒤, 가죽 끈으로 야생마의 다리를 묶었다. 이렇게 해 두면 페이서를 목장으로 데려갈 때 종종걸음으로만 걷게 할 수 있기 때문이다.

일을 마친 뒤 터키트랙은 짐짓 자신감에 차서 올가미를 풀어 주려다가 문득 손길을 멈추었다. 중요한 것을 까맣게 잊고 가져오지 않았던 것이다. 서부의 법으로는 낙인을 찍어야만 이 야생마의 주인이 될 수 있다. 하지만 낙인용 인두는 최소한 30킬로미터 떨어진 곳에 있었다.

터키트랙 노인은 암말의 발굽을 하나씩 들어 올려 편자를 살펴보았다. 옳거니! 약간 느슨해진 편자가 하나 있었다. 터키트랙은 편자와 발굽 사이에 삽을 끼워 넣어 편자를 억지로 떼어 냈다.

 평원에는 버펄로의 마른똥 같은 연료가 수두룩했기 때문에 금방 불을 피울 수 있었다. 노인은 곧 편자의 한쪽 끝을 양말로 감싸 쥐고 다른 한쪽 끝을 벌겋게 달군 다음, 옴짝달싹도 못 하는 야생마의 왼쪽 어깨에 칠면조 발자국 모양의 낙인을 푹 찍었다. 사실 터키트랙이 자신의 낙인을 찍어 본 것은 그때가 처음이었다. 뜨거운 편자가 살을 태우자 야생마는 몸서리를 쳤지만 고통은 금방 끝났다. 이 유명한 야생마는 더 이상 주인 없는 말이 아니었다.

 이제 야생마를 집으로 데려가는 일만 남았다. 올가미가 풀리자 야생마는 자유의 몸이 된 줄 알고 벌떡 일어섰지만, 한 걸음 내딛는 순간 고꾸라지고 말았다. 앞발이 가죽 끈에 단단히 묶여 있어서 발을 질질 끌면서 걸어야 했고, 부자유스러운 발로 필사적으로 뛰면서 도망치려고 할 때마다 몇 발짝도 못 가서 나동그라지기 일쑤였다.

　날렵한 암말에 오른 터키트랙은 줄곧 야생마의 앞을 가로막으며, 때로는 몰아붙이고 때로는 위협하고 때로는 잔꾀를 쓰면서 미친 듯이 날뛰는 비지땀투성이의 포로를 북쪽의 피나베티토 아로요 쪽으로 몰아갔다. 하지만 야생마는 터키트랙의 뜻에 따르지 않았고 쉽게 굴복하지도 않았다. 검은 말은 공포와 분노에 차서 콧김을 내뿜고 겅중겅중 뛰면서 끊임없이 도망가려고 했다.

　그것은 길고도 잔인한 싸움이었다. 야생마의 반지르르한 옆구리는 검은 거품 같은 땀으로 흠뻑 젖었고, 땀은 피로 얼룩져 있었다. 온종일 이어진 추격전에도 끄떡없던 야생마는 수없이 넘어지고 몸부림치며 점점 힘을 잃어 갔다. 이리저리 날뛰던 힘도 처음만큼 강력하지 않았고, 가쁜 숨을 몰아쉬는 코에서는 피 섞인 콧물이 흘러나왔다.

　하지만 터키트랙은 노련한 솜씨로 야생마를 무자비하게 몰아붙였다. 1미터마다 야생마와 치열하게 싸우며 협곡으로 들어가는 비탈길을 내려왔다. 이제 협곡을 건널 수 있는 유일한 길목인 마른 골짜기 입구에 이르렀다. 이곳은 페이서가 터전으로 삼았던 지역의 북쪽 끝이었다.

　드디어 첫 번째 목장과 목장 집이 보였다. 노인은 기뻐했지만, 야생마는 마지막 남은 힘을 짜내어 다시 한번 필사적으로 내달렸다. 노인은 야생마를 돌아오게 하려고 재빨리 밧줄을 던지고 허공에 총도 쏘았지만 야생마는 아랑곳하지 않고 방금 내려온 비탈길의 풀밭을 미친 듯이 올라갔다.

  비탈을 다 올라가 깎아지른 절벽 위에 다다른 야생마는 그대로 허공으로 달려가 60미터 아래의 바위 위로 떨어졌다. 생명은 끊어지고 육체는 처참히 부서졌지만 결국 야생마는 자유의 품에 안긴 것이다.

BADLANDS BILLY
The Wolf that Won
위대한 늑대 빌리의 승리

1

밤의 울음소리

늑대가 사냥할 때 내는 세 가지 울음소리를 아는가? 긴 여운을 남기며 낮고 굵게 우는 소리는 혼자 상대하기에는 벅찬 사냥감을 발견했으니까 다들 모이라는 뜻이고, 점점 크게 울려 퍼지는 여러 마리의 울음소리는 늑대 떼가 먹이를 바짝 뒤쫓고 있다는 뜻이다. 그리고 드문드문 짤막하게 우는 소리와 함께 날카롭게 짖어 대는 소리는 전혀 그럴 것 같지 않지만 죽음의 종소리이다. 그 울음소리는 '포위하라' 즉, 끝장내라는 외침이기 때문이다.

당시 나는 킹과 함께 말을 타고 배드랜드* 산악 지대를 돌아다니고 있었다. 우리 뒤쪽과 옆쪽에서는 각종 사냥개들

---

* 심한 침식 작용으로 가파른 바위산이 수없이 많이 생겨난 험한 지형.

이 무리 지어 따라왔다.

해는 벌써 지고 센티넬산 위는 핏빛 노을로 물들었다. 언덕들이 어스름에 싸이고 골짜기가 깜깜해질 무렵, 어둠 속에서 누구나 본능적으로 알아챌 수 있는 긴 울음소리가 흘러나왔다. 이제 더 이상 인간을 위협하지는 못하지만 여전히 등줄기를 오싹하게 만드는 가락 있는 울음소리였다. 우리는 잠시 그 소리에 귀를 기울였다.

이윽고 늑대 사냥꾼 킹이 침묵을 깼다.

"저건 배드랜드 빌리요. 마치 사람 목소리 같지 않소? 오늘 밤에도 쇠고기를 찾으러 나온 모양이오."

2

옛날 옛적에

먼 옛날 늑대들은 아메리카들소 떼를 따라다니며 병들거나 허약하거나 다친 소를 잡아먹었다. 아메리카들소가 멸종하자 늑대들도 먹고살기가 힘들어졌지만, 그 대신 사람들이 키우는 소들로 먹이 문제를 해결했다. 바로 그 때문에 사람들은 늑대와 전쟁을 벌였다.

목장 주인들은 늑대 한 마리를 죽일 때마다 상금을 주었고, 일거리가 없는 목장 일꾼들에게 늑대 덫과 독약을 나누

어 주었다. 그 뒤로 늑대잡이라 불리는 전문적인 늑대 사냥꾼까지 생기게 되었다.

  킹 라이더도 그런 늑대 사냥꾼으로, 말씨가 부드럽고 점잖았다. 동물의 삶을 꿰뚫어 보는 그의 통찰력과 예리한 눈은 브롱코*와 개뿐만 아니라 늑대나 곰한테도 특별한 능력을 발휘했다. 늑대와 곰의 경우, 그 동물이 어디에 있고 가장 접근하기 좋은 방법이 무엇인지 추측하는 게 고작이긴 했지만 말이다.

---

* 미국 서부의 야생말, 또는 훈련을 받지 않은 말.

오랫동안 늑대 사냥을 해 온 킹 라이더가 "지금까지 늑대가 사람을 공격한 적은 한 번도 보지 못했소."라고 말했을 때, 나는 깜짝 놀랐다.

나는 다른 사람들이 잠든 사이 모닥불 가에서 킹과 많은 이야기를 나누었다. 그리고 그가 배드랜드 빌리를 잘 알고 있다는 사실을 알게 되었다.

"지금까지 빌리를 여섯 번 보았지요. 일곱 번째로 보게 되면 그날이 안식일 아니겠소? 그때 그놈을 영원히 잠재우겠소."

그날 밤, 나는 영웅 빌리가 태어나고 자란 바로 그 땅에서 밤바람 소리와 코요테의 울음소리 사이로 이따금 섞여 드는 빌리의 기나긴 울부짖음을 들으며, 빌리에 관한 이야기를 들었다. 그리고 여러 장소에서 조금씩 주워들은 이야기를 더해, 센티넬산의 커다란 검은 늑대 빌리의 파란만장한 삶을 알게 되었다.

3

협곡에서

1892년 봄, 예로부터 평원에 사는 사람들에게 중요한 이정표가 되어 온 센티넬산 동쪽 기슭에서 한 늑대 사냥꾼이

'늑대잡이'를 하고 있었다. 5월에는 늑대 가죽의 질이 썩 좋지는 않지만 늑대 한 마리당 상금이 5달러나 되었고 암컷은 갑절로 비쌌다.

어느 날 아침 사냥꾼은 냇가로 갔다가 맞은편 기슭으로 물을 마시러 온 늑대를 보고 손쉽게 쏘아 죽였다. 죽은 늑대는 젖이 불어 있는 암컷이었다. 그렇다면 근처에 새끼 늑대들이 있을 게 분명했다. 사냥꾼은 그 뒤로 이삼 일 동안 늑대 굴이 있을 만한 곳을 뒤졌지만 흔적도 찾지 못했다.

2주일 뒤, 사냥꾼은 말을 타고 근처 협곡을 내려가다가 굴에서 나오는 늑대를 보았다. 언제든 총을 쏠 준비를 하고 있던 사냥꾼은 또다시 10달러짜리 늑대 머리를 줄에 꿸 수 있었다.

잇따라 새끼들을 잡으려고 굴을 판 사냥꾼은 매우 놀라운 사실을 발견했다. 보통 늑대는 한 번에 대여섯 마리씩 새끼를 낳는데, 굴에는 새끼가 열한 마리나 있었다. 게다가 이상하게도 몸집이 달랐는데, 다섯 마리는 다른 여섯 마리보다 몸집도 크고 먼저 태어난 것처럼 보였다. 죽은 어미가 남의 새끼까지 키우고 있었던 것이다. 사냥꾼은 새끼 늑대들의 머리를 줄에 꿰다가 어떻게 된 영문인지 깨달았다. 그중 한 무리는 2주일 전에 자기가 죽인 늑대의 새끼들이었던 것이다.

어린 새끼들은 오지 않는 어미를 기다리면서 애처롭게 울다가 배가 고파지자 더욱 크게 울어 댔다. 다른 어미 늑대가 그곳을 지나다가 울음소리를 들었다. 새끼를 낳은 지 얼마 되지 않아 마음이 너그러워진 어미 늑대는 고아가 된 새끼 늑대들을 거두어다 보살폈다. 그 훈훈한 이야기를 이 늑대 사냥꾼이 끝장낸 것이다.

많은 늑대 사냥꾼들이 늑대 굴을 파헤치지만, 대개는 헛수고로 끝난다. 늑대들은 보통 굴 옆에 굴을 하나 더 파거나 작은 구멍을 파 놓았다가 적이 쳐들어오면 그곳에 숨는다. 푸석푸석한 흙이 내려앉아 구멍을 막아 주기 때문에 위험에서 벗어날 수 있는 것이다.

이 늑대 사냥꾼도 가장 큰 새끼 늑대 한 마리가 아직 굴

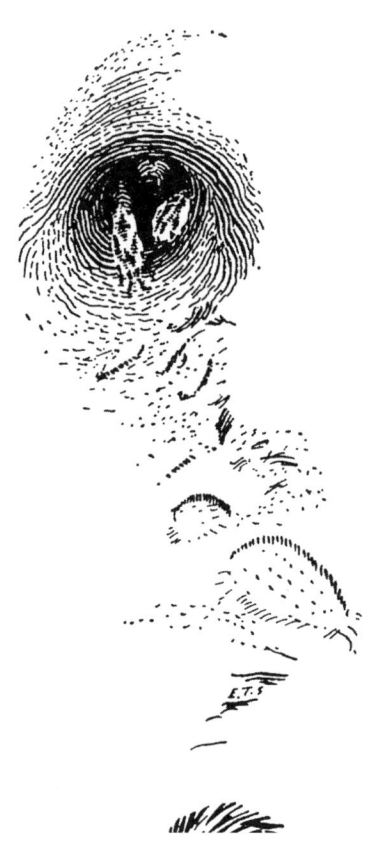

속에 숨어 있는 줄 모른 채 늑대 머리들을 들고 밖으로 나왔다. 설사 사냥꾼이 이 근처에서 두 시간을 기다렸다 해도 그 새끼 늑대를 잡지는 못했을 것이다.

세 시간 뒤에 해가 지자, 굴 저 안쪽에서 가볍게 긁는 소리가 났다. 이윽고 굴 한쪽의 보드라운 흙더미에서 조그만 잿빛 앞발 두 개가 쑥 튀어나오더니 곧이어 조그맣고 까만 코가 나타났다. 드디어 새끼 늑대가 숨어 있던 곳에서 나온 것이다. 사냥꾼의 공격에 잔뜩 겁을 먹은 새끼 늑대는 눈앞에 펼쳐진 광경이 어리둥절하기만 했다.

온통 파헤쳐진 굴은 전보다 세 배는 넓어졌고 천장이 뻥 뚫려 있었다. 바닥에 널브러져 있는 몸뚱이들에서는 형제들의 냄새가 났지만, 왠지 기분이 나빴다. 새끼 늑대는 냄새를 쿵쿵 맡아 보고는 겁에 질려 슬금슬금 뒷걸음치다가 덤불 속으로 뛰어들었다. 머리 위에서 쏙독새가 큰 소리로 울었다. 새끼 늑대는 밤새도록 그 덤불 속에 웅크리고 있었다. 굴에 가까이 갈 엄두도 나지 않았고 마땅히 갈 곳도 없었다.

이튿날 아침 독수리 두 마리가 쏜살같이 내려앉아 사체를 덮쳤고, 덤불 속에 숨어 있던 새끼 늑대는 더 깊숙이 숨으려고 협곡을 따라 넓은 골짜기로 들어갔다. 그때 풀밭에서 어미 늑대와 비슷하게 생긴 커다란 낯선 암늑대가 불쑥 나타났다. 길 잃은 새끼 늑대는 저도 모르게 털썩 주저앉았다. 암늑대는 처음에 새끼 늑대를 먹이로 착각하고 달려들었지만, 바람에 실려 온 냄새를 맡고 새끼 늑대라는 것을 알았다. 암늑대가 잠시 멈칫거리자, 새끼 늑대는 암늑대의 발치에 납죽 엎드렸다. 그러자 암늑대는 새끼 늑대를 죽여 버리거나 입에 물고 거칠게 흔들려던 충동마저 잃어버렸다. 이 새끼 늑대는 아주 어린 새끼의 냄새를 풍겼다.

자기 새끼들과 같은 또래라는 사실에 가슴이 뭉클해진 것이다. 그래서 새끼 늑대가 용기를 내어 자기 코에 바짝 코를 대고 킁킁 냄새를 맡자, 짧게 크르렁거릴 뿐 화를 내지는 않았다.

새끼 늑대는 암늑대한테서 간절히 바라던 냄새를 맡았다. 어제부터 쫄쫄 굶었던 새끼 늑대는 암늑대가 자기를 남겨 두고 돌아서자, 뒤뚱거리며 허둥지둥 따라나섰다. 암늑대의 굴이 멀리 있었다면 끝까지 따라가지 못했을 것이다. 하지만 암늑대의 보금자리는 아주 가까운 골짜기에 있었고, 새끼 늑대는 암늑대가 들어간 지 얼마 안 되어 굴 앞에 이르렀다.

낯선 것은 모두 적이다. 암늑대는 낯선 냄새를 풍기는 적을 물리치려고 뛰쳐나갔다가 다시 새끼 늑대와 마주쳤다. 그러다 새끼의 냄새를 맡고 또다시 머뭇거렸다. 새끼 늑대는 죽으라면 죽는 시늉이라도 하겠다는 듯이 발랑 드러누웠지만, 손에 잡힐 듯 가까운 곳에서 풍기는 맛있는 냄새가 자꾸만 새끼 늑대를 유혹했다.

암늑대는 굴로 도로 들어가서 자기 새끼들 옆에 웅크리고 앉았다. 새끼 늑대도 따라갔다. 암늑대는 새끼 늑대가 자기 새끼들한테 다가오는 걸 보고 으르렁거렸지만, 워낙 어리고 순해 보여 도저히 화를 낼 수가 없었다. 이윽고 이 새끼

빌리가 새로운 어미를 찾다.

늑대는 다른 새끼들 틈에 끼어 그토록 원하던 것을 찾았고, 결국 암늑대의 새끼가 되었다.

며칠 지나자 이 새끼 늑대는 다른 새끼들과 잘 어울리게 되었고, 어미 늑대도 그 녀석이 남의 새끼라는 사실을 잊어버렸다. 하지만 이 새끼 늑대는 몇 가지 다른 점이 있었다. 다른 새끼들보다 2주쯤 먼저 태어나 몸도 더 튼튼했고, 목과 어깨에는 훗날 검은 갈기처럼 자라날 목털이 도드라져 보였다.

이 '검은 목털'은 더없이 훌륭한 새엄마를 만났다. 새엄마인 누런 늑대는 지혜롭고 훌륭한 사냥꾼일 뿐 아니라, 새로운 사고방식을 가진 늑대였던 것이다.

프레리도그 꾀어내기, 다른 늑대들과 번갈아 영양 쫓기, 브롱코의 다리 힘줄 자르기, 옆에서 수소 기습하기 같은 오

랜 꾀들은 어미 늑대가 본능적으로 알고 있거나 겨울철에 경험 많은 친척들과 떼 지어 다니며 배운 것들이었다.

또 어미 늑대는 요즘 같은 시절에 반드시 알아야 할 것들도 터득하고 있었다. 이를테면 사람들이 들고 다니는 총에는 도저히 대항할 수 없다는 것, 총을 피하려면 낮에는 눈에 안 띄게 숨어 다녀야 한다는 것, 밤에는 총도 자신을 해치지 못한다는 것 등등을 말이다.

어미 늑대는 덫에 대해서도 잘 알았다. 덫에 걸렸다가 다행히 발가락 하나만 잃고 무사히 빠져나온 경험이 있기 때문이었다. 그 일로 어미 늑대는 덫의 무서움을 뼈저리게 느꼈고, 덫이 무엇인지 완벽하게 이해하지는 못해도 쇠는 위험하며 무슨 일이 있어도 피해야 한다는 교훈을 얻었다.

언젠가 어미 늑대는 다른 늑대 다섯 마리와 함께 양 목장을 습격하러 간 적이 있었다. 그때 어미 늑대는 못 보던 철사 줄 같은 것을 발견하고 뒤로 물러났다. 하지만 다른 늑대들은 목장으로 쳐들어갔다가 양한테는 가까이 가지도 못한 채 죽음의 덫에 걸리고 말았다.

그렇게 해서 어미 늑대는 새로운 위험들을 알게 되었고, 그 정체를 정확히 파악하지는 못했지만 낯선 것은 죄다 의심하는 습관을 갖게 되었다. 그리고 그중 한두 가지 것에 대한 각별한 두려움 덕분에 어미 늑대는 오래도록 살아남을 수 있었다.

어미 늑대가 해마다 새끼들을 훌륭히 길러 냈기 때문에, 그 지방에는 누런 늑대들의 수가 꾸준히 늘어났다. 어미 늑대는 총, 덫, 인간 그리고 그들이 데려온 새로운 동물들은 다 알고 있었지만, 아직 배우지 못한 것이 있었다. 그 때문에 어미 늑대는 아주 비싼 수업료를 치러야 했다.

검은 목털의 형제들이 태어난 지 한 달쯤 지났을 무렵이었다. 그날 어미 늑대는 여느 때와 다른 모습으로 보금자리로 돌아왔다. 입가에 거품을 물고 다리를 부들부들 떨더니, 굴 입구에서 버둥거리며 쓰러졌다가 가까스로 일어나 안으로 들어왔다. 어미 늑대는 새끼들을 핥아 주려고 했지만, 턱이 덜덜 떨리고 이빨이 딱딱 맞부딪쳤다. 잘못하다가 새끼들을 물 것 같아서 자기 앞다리를 꽉 물었다. 한참 뒤 어미가 안정을 되찾자, 겁에 질려 구석으로 멀찍이 물러났던 새끼 늑대들이 젖을 먹으려고 어미한테 몰려갔다. 어미 늑대는 이삼 일 심하게 앓고 나서야 정신을 차렸고 그사이에 어미 늑대의 젖에 들어 있던 독이 새끼들한테 끔찍한 영향을 미쳤다.

새끼 늑대들도 어미와 마찬가지로 심하게 앓았다. 결국 가장 튼튼한 새끼만 살아남을 수 있었다. 그 시련이 끝나자 굴에는 어미 늑대와 목털이 까만 새끼 늑대만 남게 되었다.

그렇게 해서 검은 목털은 어미 늑대의 유일한 자식이 되었다. 어미 늑대는 검은 목털을 정성껏 먹여 살렸고, 그에 보답이라도 하듯 검은 목털은 무럭무럭 자랐다.

  늑대들은 몇 가지 것들에 대해 빨리 반응한다. 그중에서도 냄새에 대한 기억이 가장 강력하게 남는데, 그 때문에 새끼 늑대와 어미 늑대는 스트리크닌* 냄새를 맡으면 알 수 없는 공포와 증오를 느꼈다.

---

* 마전과 식물의 씨에 함유된 맹독.

4

훈련 시작

새끼 늑대는 일곱 마리 몫의 먹이를 독차지하며 무럭무럭 자랐고, 가을이 되어 키가 어미만큼 자라자 어미를 따라 사냥을 나갔다. 이제는 사냥 구역을 바꿔야 했다. 자라나는 새끼 늑대들의 수가 점점 불어났기 때문이다. 들판에 우뚝 솟은 바위 요새인 센티넬산은 덩치 크고 강한 늑대들이 차지했다. 그래서 약한 늑대들은 다른 곳으로 옮겨 가야 했는데, 누런 늑대와 검은 목털도 예외는 아니었다.

늑대의 언어는 인간의 언어와는 성격이 다르다. 기본적인 감정을 표현하는 열댓 개의 울음소리, 짖는 소리, 으르렁거리는 소리가 있을 뿐이다. 하지만 늑대들은 생각을 전달하는 몇 가지 다른 방법과, 정보를 퍼뜨리는 아주 독특한 방법을 지니고 있다. 그것은 '늑대 전화'라는 방법이다.

늑대들의 영역에는 널리 알려진 '연락소'가 여기저기 흩어져 있다. 연락소는 돌멩이인 경우도 있고 길모퉁이인 경우도 있고 아메리카들소의 두개골인 경우도 있다. 사실 늑대들이 다니는 중요한 길 근처에서 눈에 띄는 것은 무엇이든 연락소가 된다.

개가 전봇대에 들르고, 사향뒤쥐가 특정한 진흙 덩어리

에 들르듯이, 늑대는 그들 연락소에 들러 자신의 흔적을 남기고 최근에 누가 왔다 갔는지 알아본다. 방문자가 언제 왔다가 어디로 갔는지도 알 수 있고, 심지어 방문자의 상태, 이를테면 쫓기는 중인지, 배가 고픈지 부른지, 몸이 아픈지 아닌지도 알아내는 것이다. 이들 연락소 덕분에 늑대는 친구뿐만 아니라 적이 어디에 있는지도 알 수 있다.

누런 늑대를 따라다니던 검은 목털 역시 어미가 가르쳐 주지 않았는데도 많은 연락소와 그것들의 쓰임새를 터득했다. 본능이야말로 최고의 스승인 것이다. 하지만 사람이 위험에 빠진 자식을 지켜 주듯이, 어미 늑대가 새끼 늑대를 보호해 준 적도 한두 번쯤은 있었다.

까만 새끼 늑대는 늑대 생활의 기본 지식들을 배웠다. 개와 싸울 때는 절대로 정면으로 맞서지 말고 잡힐 듯 말 듯 도망치면서 싸워야 하고, 사람을 태운 말들이 다닐 수 없는 험한 지형을 골라 도망쳐야 한다.

사냥할 때 코요테들이 찌꺼기를 얻어먹으러 따라오든 말든 신경 쓰지 말아야 한다는 것도 배웠다. 어차피 코요테는 잡을 수도 없고, 해를 끼치는 것도 아니기 때문이다.

땅에 내려앉은 새를 잡으려는 것은 시간 낭비라는 것도 배웠다. 또 검은 바탕에 하얀 줄무늬가 있고 북슬북슬한 꼬리가 달린 조그만 동물한테는 다가가지 말아야 한다는 것

도 배웠다. 그 동물은 맛도 없을뿐더러 아주아주 고약한 냄새를 풍겼다.

독! 아, 새엄마의 자식들을 모조리 죽여 버린 그날의 그 냄새를 어찌 잊을 수 있으랴.

새끼 늑대는 양 떼를 공격할 때는 먼저 양들을 뿔뿔이 흩어 놓아야 한다는 사실을 알았다. 혼자 있는 양은 아주 어리석고 만만한 먹이이기 때문이다. 그리고 소 떼를 한곳으로 몰아붙이려면 먼저 송아지에게 겁을 줘야 한다는 사실도 알았다.

또 수소는 반드시 뒤에서, 양은 앞에서, 말은 중간, 그러니까 옆구리를 공격해야 한다는 것도 배웠다. 그리고 무슨 일이 있어도 결코 사람을 공격해서는 안 되고 마주쳐서도 안 된다는 것도 배웠다. 하지만 이것들 말고도 중요한 교훈이 하나 더 있었는데, 그 숨어 있는 적에 대해서는 어미 늑대가 몸소 새끼 늑대한테 가르쳐 주었다.

5

덫을 배우다

 낙인을 찍는 시기에 송아지 한 마리가 죽었는데, 2주가 지나자 지나치게 굳지도 않고 너무 물컹하지도 않아서 고기 맛으로는 그만이었다. 물론 그것은 늑대들의 생각이다. 그 소식이 바람을 타고 멀리까지 퍼져 갔다.

 누런 늑대와 검은 목털도 우연히 저녁을 먹으러 나섰다가, 송아지 고기 냄새를 맡고 바람 부는 쪽으로 뛰어갔다. 송아지는 탁 트인 곳에 놓여 있어서 달빛에도 또렷이 보였다. 개라면 당장 그리로 뛰어갔을 테고 옛날 늑대들도 마찬가지였으리라. 하지만 누런 늑대는 치열한 삶 속에서 한시도 경계를 늦추지 않는 습관이 몸에 배었고, 자신의 코 말고는 아무것도 믿지 않았기 때문에 걸음을 늦추었다.

 누런 늑대는 고기가 잘 보이는 곳에서 걸음을 멈추고, 한참 동안 코를 흔들며 바람에 실려 오는 냄새를 꼼꼼히 분석했다. 누런 개는 더없이 민감한 코로 냄새를 맡았다. 그러고 나서 코에 묻은 냄새를 깨끗이 털어 내고 다시 한번 냄새를 맡았다. 이윽고 믿음직한 콧구멍이 만장일치로 판정을 내렸다.

 우선 먹음직스럽고 진한 송아지 고기 냄새가 70퍼센트였

고, 풀, 벌레, 나무, 꽃, 모래, 그 밖에 별 볼 일 없는 것들의 냄새가 15퍼센트였다. 그리고 중요하지만 지금은 무시해도 되는 자신과 새끼 늑대의 냄새가 10퍼센트, 사람 발자국 냄새가 2퍼센트, 연기 냄새가 1퍼센트, 땀에 전 가죽 냄새가 1퍼센트였다. 끝으로 사람의 체취(구별이 안 되는 경우도 있다) 0.5퍼센트와 쇠 냄새가 아주 조금 묻어 있었다.

어미 늑대는 몸을 약간 수그린 채 코를 흔들며 열심히 냄새를 맡았다. 새끼 늑대도 어미를 흉내 냈다. 하지만 어미 늑대가 뒤로 풀쩍 물러났을 때 새끼 늑대는 그대로 서 있었다. 어미 늑대가 낮게 낑낑거리자, 새끼 늑대도 하는 수 없이 뒤로 물러났다.

어미 늑대는 먹음직스러운 사체 주위를 빙글빙글 돌았다. 새로운 냄새가 코를 스쳤다. 그것은 코요테의 발자국 냄새였고, 곧이어 코요테의 체취가 풍겼다. 그렇다. 코요테들이 근처의 산등성이를 따라 어슬렁거리고 있었다. 어미 늑대가 옆으로 자리를 옮기자 바람이 또 다른 냄새를 싣고 왔다. 거기에는 송아지 냄새 대신 별로 흥미롭지 않고 흔해 빠진 갖가지 냄새들이 떠돌았다. 아까처럼 사람의 발 냄새도 났다. 가죽 냄새는 사라졌지만 쇠붙이 냄새가 1.5퍼센트는 되는 것 같았고, 사람의 체취가 거의 2퍼센트로 늘어났다.

잔뜩 경계하던 어미 늑대가 긴장한 분위기를 풍기면서 몸을 딱딱하게 굳히고 목덜미 털을 살짝 곤두세우자 새끼에게도 어미의 공포심이 전해졌다.

어미 늑대는 계속해서 주위를 둘러보았다. 높은 곳에 올라가자 사람 냄새가 두 배는 강하게 풍겼지만 다시 내려오자 곧 사라졌다. 잠시 뒤 몇몇 새와 코요테 발자국과 진한 송아지 고기 냄새가 바람에 실려 왔다. 어미 늑대는 바람을 등진 채 원을 그리며 먹음직스러운 먹이에 다가갔고, 그러다 보니 의심이 점점 가라앉았다. 심지어 먹이를 향해 똑바로 몇 발자국 나아가기까지 했다. 하지만 그 순간 땀에 전 가죽 냄새가 확 풍겨 왔다. 그 속에는 연기와 쇠붙이 냄새가 두 가닥 색실을 꼬아 놓은 것처럼 뒤섞여 있었다. 어미 늑대는 그 냄새에 온 정신을 집중하며 송아지 쪽으로 바싹 다가갔다.

송아지 옆에는 가죽 한 조각이 떨어져 있었다. 거기에서도 인간의 냄새가 났다. 그리고 사방에 진동하는 송아지 냄새 위로 마치 뱀이 지나간 듯 쇠붙이와 연기 냄새가 남아 있었다. 그 냄새가 워낙 희미했기 때문에 식욕이 왕성하고 성급한 새끼 늑대는 어미 늑대의 어깨를 밀치며 먹이에 달려들었다.

하지만 어미 늑대는 새끼 늑대의 목을 물어서 뒤로 던져 버렸다. 바로 그때 새끼 늑대의 발에 챈 돌멩이 하나가 떼구루루 구르더니 뭔가에 부딪쳐 쩔그렁 하는 독특한 소리를 냈다. 그 소리와 함께 위험한 냄새가 더욱 짙게 풍겨 왔다. 결국 누런 늑대는 천천히 그 자리를 떠났고 새끼 늑대도 터덜터덜 뒤따랐다.

새끼 늑대는 자기네 눈치를 살피며 송아지 고기로 다가가는 코요테들을 부러운 듯 바라보았다. 코요테들은 아주 조심스레 나아갔다. 하지만 좀 전의 어미 늑대에 비하면 턱없이 경솔했다.

  이제 송아지 고기 냄새는 참기 힘들 만큼 먹음직스럽게 풍겼다. 코요테들이 고기를 찢어발기고 있었기 때문이다. 그때 철컹 하는 날카로운 소리가 나더니, 코요테 한 마리가 캐캥 하고 비명을 질렀다. 그와 동시에 탕 하는 소리와 불꽃이 고요한 밤하늘을 뒤흔들었다.

  쏟아지는 총알 속에서 코요테들은 몽둥이찜질을 당하는 개처럼 캥캥거리면서 뿔뿔이 흩어졌다. 결국 총에 맞아 죽은 코요테와 언제나 부지런한 늑대 사냥꾼들이 쳐 놓은 덫에 걸려 몸부림치는 코요테만이 남았다. 공기 중에는 아까와 같은 끔찍한 냄새들이 두 배로 자욱해졌고, 아까는 없었던 무시무시한 냄새도 새로이 풍겼다.

  누런 늑대는 새끼 늑대를 데리고 슬그머니 골짜기 아래로

덫과 총을 아슬아슬하게 피하는 두 늑대.

도망쳤다. 그때 한 남자가 강기슭에서 튀어나오는 모습이 보였다. 아까 어미 늑대의 코가 위험을 경고했던 곳 근처였다. 어미 늑대와 새끼 늑대는 남자가 덫에 걸린 코요테를 죽이고 다시 덫을 놓는 모습을 똑똑히 보았다.

6

속임수에 빠진 어미 늑대

삶은 위태로운 게임이다. 만 번을 이겨도 단 한 번 지면 모든 것을 잃을 수 있기 때문이다. 지금껏 누런 늑대가 보기 좋게 비웃어 준 덫이 몇백 개이던가! 그리고 자기처럼 할 수 있도록 훈련시킨 새끼들이 얼마나 많던가! 살면서 부딪치는 온갖 위험 가운데 누런 늑대가 가장 잘 아는 것은 덫이었다.

10월이 왔다. 이제 새끼 늑대는 어미보다 훨씬 키가 컸다. 예전의 그 늑대 사냥꾼은 누런 어미 늑대와 어미를 따르는 새끼 늑대를 딱 한 번 보았다. 덤벙거리는 기다란 다리, 크고 부드러운 발, 가느다란 목, 숱이 적은 꼬리로 보아 그 늑대는 올해 태어난 새끼 늑대였다. 흙과 모래에 찍힌 발자국을 보니, 어미 늑대는 오른쪽 앞발의 발가락 하나가 없었고, 새끼 늑대는 몸집이 거대한 것 같았다.

송아지 사체에 덫을 놓은 것도 바로 그 늑대 사냥꾼이었다. 그는 늑대 대신 코요테가 걸려든 것을 보고 실망했다. 10월은 늑대 털이 가장 반지르르해지고 덫사냥이 본격적으로 시작되는 시기였던 것이다.

젊은 사냥꾼은 대개 덫과 미끼를 같은 곳에 놓지만, 노련한 사냥꾼은 다르다. 훌륭한 덫사냥꾼은 미끼에서 3미터 내지 6미터 떨어진 곳, 그러니까 늑대가 미끼 주위를 빙글빙글 돌면서 지나갈 만한 곳에 덫을 놓는다.

덫사냥꾼이 가장 좋아하는 수법은 사방이 탁 트인 곳에 고기 조각을 흩뿌려 놓고 주위에 덫을 서너 개 숨기는 것이다. 덫은 사람의 손 냄새와 쇠 냄새가 나지 않도록 연기를 쐰 다음 보이지 않게 묻는다. 가끔은 미끼도 없이 작은 솜 조각이나 깃털을 흩뿌려 늑대의 눈길을 끌거나 호기심을 부추겨 그 파괴적이고 음흉한 땅으로 늑대를 유혹한다.

훌륭한 덫사냥꾼은 늑대들이 자신의 수법을 눈치채지 못하도록 끊임없이 새로운 방법을 궁리한다. 따라서 늑대들이 스스로를 지키는 유일한 방법은 한시도 경계를 늦추지 않고 사람 냄새는 무조건 의심하는 것뿐이다.

늑대 사냥꾼은 가장 튼튼한 강철 덫들을 싣고 '미루나무'에서 가을 덫사냥을 시작했다.

지난날 아메리카들소 떼가 강을 건너다니던 자리에 생긴 오솔길이 있다. 그 길은 말라붙은 도랑을 거쳐 언덕 너머 평평한 고지대까지 이어진다. 소 떼와 사슴뿐만 아니라 늑대와 여우를 비롯한 모든 동물이 그 길로 다녔다. 그것이 가장 넓은 길이었기 때문이다.

그 길이 자갈 깔린 개울로 이어지는 곳 근처에 미루나무 그루터기가 있는데, 늑대 사냥꾼은 그 그루터기에서 늑대들의 흔적을 발견하고 좋은 생각을 떠올렸다. 오솔길은 소들이 많이 다닌다. 그러니까 덫을 놓기에 딱 좋은 장소는 오솔길이 아니라 바로 여기였다. 사냥꾼은 오솔길에서 20미터 떨어진 평평한 모래땅에 한 변의 길이가 3.6미터인 사각형 모양으로 네 개의 덫을 놓고, 그 주변에 고기를 두세 덩어리씩 떨어뜨려 놓았다. 마지막으로 모래땅 한복판에 돋은 풀포기 위에 하얀 깃털 서너 개를 떨어뜨려 함정을 완성했다. 해와 바람과 모래가 사람 냄새를 지우고 나면 그 모래

땅에 숨겨진 위험은 사람의 눈으로는 결코 알 수 없고 동물의 코로도 거의 알아챌 수 없을 것이다.

하지만 누런 늑대는 그런 덫이라면 지금까지 천 번도 더 피해 갔고, 덩치 큰 아들에게도 그냥 지나치라고 가르쳤다.

뜨거운 한낮에 소 떼가 물을 마시러 왔다. 소 떼는 지난날의 아메리카들소 떼처럼 오솔길을 따라 줄지어 내려왔다. 참새들이 소 떼 앞에서 훨훨 날아다니고, 벌레를 잡아먹는 새들이 소 등에 올라앉고, 프레리도그들은 일찍이 아메리카들소들한테 그랬던 것처럼 소 떼를 향해 재잘거렸다.

소들은 청회색 바위들이 있는 잿빛 메사*에서 당당하고 엄숙하게 목적지를 향해 똑바로 나아갔다. 장난치며 즐겁게 뛰놀던 송아지들도 강가의 평지에 이르자 어미 뒤를 얌전히 따라왔다.

맨 앞에서 걸어가던 암소가 '덫 밭' 옆을 지나면서 미심쩍다는 듯 코를 쿵쿵거렸지만, 다행히 덫은 멀리 있었다. 그렇지 않았다면 우두머리 암소는 자기 동족의 핏덩어리 살점들을 보고 발을 구르며 울부짖었을 것이고, 그러면 덫들이 죄다 튕겨 나와 못쓰게 되었을 것이다.

어쨌든 우두머리 암소는 무리를 이끌고 강으로 갔다. 소 떼는 물을 실컷 마시고 나서 가까운 기슭에 누웠다. 늦은 오후에 시장기를 느낀 소 떼는 어기적어기적 일어나 다시 풀이 무성한 곳으로 출발했다.

작은 새 한두 마리가 고기 조각을 쪼아 먹고 금파리가 윙윙거리며 돌아다녔지만, 해가 저물도록 아무도 덫이 숨겨진 모래땅은 건드리지 않았다.

저녁놀이 질 무렵, 밤색 개구리매가 강가의 평지 위를 미끄러지듯 날아왔다. 개구리매의 어설픈 공격을 피해 검은 새들이 덤불 속으로 쏜살같이 달아났다. 아직 생쥐가 나타

---

* 비탈이 가파르고 꼭대기는 평탄한 지형.

나기에는 이른 시간이었지만, 개구리매는 낮게 날다가 날카로운 눈으로 덫 옆에서 하늘거리는 깃털들을 보고 그쪽으로 날아갔다.

 개구리매는 그것이 별 볼 일 없는 깃털이라는 것을 금세 알았지만, 고기 조각이 먹음직스러워 보였다. 순진한 개구리매가 내려앉아 두 번째 고깃덩어리를 게걸스레 먹는 순간, 찰캉 하는 소리와 함께 먼지가 피어올랐다. 개구리매는 강력한 늑대 덫에 발가락이 걸려 헛되이 버둥거렸다. 많이 다치지는 않았지만, 덫에서 벗어나려고 큼직한 날개를 퍼

덕여 본들 쥐덫에 걸린 참새처럼 어쩔 도리가 없었다. 서쪽 하늘에서 노을이 붉게 타오를 무렵, 매의 구슬픈 울음소리는 차츰 잦아들었다. 코끼리 덫에 걸린 생쥐나 다름없이 최후를 맞은 가엾은 개구리매 위로 땅거미가 내렸다. 그 무렵 높고 평평한 외딴 산에서 낮고 굵은 울음소리가 들렸고, 누군가 거기에 대답했다. 울음소리는 그리 길지도 않고 되풀이되지도 않았으며, 특별한 이유가 있다기보다 본능적으로 내는 소리였다. 하나는 동료를 부르는 늑대의 울음소리이고 또 하나는 매우 큰 수컷의 대답 소리였는데, 이들은 짝이 아니라 어미와 아들, 바로 누런 늑대와 검은 목털이었다.

둘은 함께 아메리카들소 오솔길을 뛰어 내려왔다. 그리고는 언덕에 있는 연락소와 오래된 미루나무 그루터기에 차례로 들른 다음 강으로 향했다. 그때 덫에 걸린 매가 날개를 퍼덕였다. 어미 늑대가 매 쪽을 돌아보았다. 그러고는 다친 새가 땅에 떨어진 줄 알고 그쪽으로 뛰어갔다.

햇볕과 모래는 모든 냄새를 금세 지워 버린다. 그래서 어미 늑대에게 위험을 알려 주는 것은 아무것도 남아 있지 않았다. 어미 늑대는 퍼덕거리는 새에게 달려들어 단번에 새의 고통을 그치게 해 주었지만, 그 순간 소름 끼치는 소리가 났다. 이빨이 강철에 닿는 소리, 위험하다는 신호였다.

어미 늑대는 매를 떨어뜨리고 위험 지역에서 펄쩍 물러나

다가 다른 덫을 밟고 말았다. 죽음의 덫이 발목을 꽉 물자, 어미 늑대는 빠져나가려고 온 힘을 다해 발버둥치다가 숨어 있던 또 다른 덫에 앞발까지 물리고 말았다. 이런 미끼를 놓아둔 덫은 처음이었다. 어미 늑대가 그렇게 경솔하게 군 것도 처음이고, 이렇게 옴짝달싹 못 하게 잡히기도 처음이었다.

공포와 분노에 찬 어미 늑대는 거품을 물고 으르렁거리며 필사적으로 덫을 잡아당기고 사슬을 깨물었다. 덫이 하나였다면 무거운 통나무가 달렸다고 해도 어떻게든 끌고 갈 수 있었으리라. 하지만 두 개의 덫에 물리고 나니 어쩔 도리가 없었다. 어미 늑대가 몸부림칠수록 무자비한 덫은 살 속으로 더욱 깊이 파고들었다.

어미 늑대는 고개를 쳐들고 사납게 이빨을 딱딱 맞부딪치고는 죽은 매를 무참히 잡아 찢었다. 미친 늑대처럼 짧게 캥캥거리기도 했다. 또 덫을 마구 갉아 대고, 새끼 늑대를 물어뜯고, 자기 자신까지 물어뜯었다. 덫에 물린 제 다리를 물어뜯고 미친 듯이 옆구리를 갉아 대다 못해, 광기에 휩싸여 꼬리까지 갈가리 찢었다. 강철 덫에 부딪쳐 이빨이 부러지고, 피와 거품으로 뒤범벅이 된 턱에는 진흙과 모래가 덕지덕지 묻어 있었다.

어미 늑대는 쓰러질 때까지 몸부림쳤고, 몸을 뒤틀거나 죽은 듯이 누워 있다가 기운을 차리면 다시 일어나 사슬을 갉아 댔다.

그렇게 밤이 지나갔다.

그러면 검은 목털은? 새끼 늑대는 어디에 있을까? 검은 목털은 어미 늑대가 독약을 먹고 돌아오던 날로 되돌아간 듯한 느낌을 받았다. 하지만 지금의 어미 늑대가 훨씬 더 무서웠다. 어미 늑대는 증오심에 불타 무작정 싸우려고 덤비는 것 같았다.

새끼 늑대는 슬금슬금 뒤로 물러나서 낑낑거렸다. 새끼는 어미가 가만히 누워 있으면 다시 다가갔다. 하지만 그때마다 어미가 불같이 화를 내며 덤벼드는 바람에 도로 물러났다. 그리고 나면 어미는 다시 덫을 물어뜯었다.

새끼 늑대는 영문을 알 수 없었지만 어미 늑대가 끔찍한 곤경에 빠졌다는 사실은 알았다. 그리고 아마도 어미가 곤경에 빠진 것은 예전에 그들이 송아지 고기에 다가갔던 날 겁을 먹고 달아났던 이유와 똑같은 것인 듯했다.

검은 목털은 어미 곁에 다가가지도 못하고 제 어미만큼이나 어찌할 바를 모른 채 안절부절못하며 밤새도록 어미 주위를 맴돌았다.

이튿날 동틀 무렵, 잃어버린 양을 찾아 나선 양치기가 이웃 언덕에 올라갔다가 어미 늑대를 발견했다. 그는 거울 신호로 야영지에 있던 늑대 사냥꾼을 불렀다. 검은 목털은 새로운 위험이 닥쳐오고 있음을 알았다. 키는 컸지만 아직은 어린 검은 목털이 인간을 상대할 수는 없었다. 새끼 늑대는 사람이 다가오자 얼른 도망쳐 버렸다.

늑대 사냥꾼은 누더기처럼 비참하게 널브러진 피투성이 어미 늑대에게 다가갔다. 사냥꾼이 총을 쏘자, 몸부림은 곧 멎었다.

늑대 사냥꾼은 덫 주위의 발자국과 흔적, 예전의 경험으로 미루어 이 늑대가 거대한 새끼 늑대를 데리고 다니던 저 센티넬산의 어미 늑대라고 짐작했다.

검은 목털은 '탕' 소리가 나자 잽싸게 숨었다. 그 소리가 무엇인지 몰랐지만, 다정했던 어미 늑대를 다시는 볼 수 없었다. 그 뒤로 검은 목털은 홀로 세상과 맞서야 했다.

7

어린 늑대가 영토와 명성을 얻다

늑대한테는 본능이 가장 우수한 첫 번째 안내자이긴 하지만, 훌륭한 부모를 만나면 그만큼 유리한 출발점에 서게 된다. 검은 목털은 유난히 훌륭한 어미를 두었고 그 어미의 장점을 고스란히 이어받았다. 게다가 검은 목털은 뛰어나게 예민한 코의 충고를 절대적으로 믿었다.

인간은 코의 능력을 잘 알지 못한다. 인간이 아침 신문을 훑어보며 최신 정보를 얻듯이, 늑대는 아침 바람의 냄새를 쓱 맡아 본다. 그리고 성큼성큼 걸어 다니며 몇 시간 전에

그곳을 지나갔던 모든 생물들에 대해 시시콜콜한 것까지 다 알아낸다. 심지어 그 동물이 어느 쪽으로 갔는지도 알아낸다. 한마디로 코는 최근에 그 길을 지나간 모든 동물들이 어디서 와서 어디로 갔는지 알려 주는 안내자이다.

검은 목털은 냄새를 맡는 능력이 매우 뛰어났는데, 크고 촉촉한 코를 보면 확실히 그럴 만도 했다. 또 검은 목털은 남다른 힘과 끈기를 지녔을 뿐 아니라 어릴 때부터 낯선 것은 무조건 믿지 않았다. 두려움이나 경계심 또는 의심이라고 부르는 것들은 영리함보다 더 가치가 있었다. 검은 목털이 무사히 살아갈 수 있었던 것은 육체의 힘 못지않은 신중함 덕분이었다.

늑대의 세계에서는 힘이 곧 정의이며, 그래서 검은 목털은 어미 늑대와 함께 센티넬산에서 쫓겨났었다. 하지만 센티넬산은 살기 좋은 곳이어서, 검은 목털은 자꾸만 자기가 태어난 산으로 돌아오곤 했다. 그곳의 덩치 큰 늑대 한두 마리는 검은 목털이 오는 것을 싫어했다. 검은 목털은 몇 번이나 쫓겨났지만, 늘 더욱 강해진 모습으로 되돌아왔다. 결국 검은 목털은 한 살 반이 되기도 전에 모든 경쟁자들을 물리치고 고향 땅에 다시 자리를 잡았다. 검은 목털은 풍요로운 고향 땅에서 공물을 거두고 바위투성이 요새 안에 안전한 보금자리를 구하여 귀족처럼 살았다.

주로 센티넬산에서 사냥을 하던 늑대 사냥꾼 킹 라이더는 어느 날 14센티미터짜리 거대한 늑대 발자국을 발견했다. 늑대는 대충 어림잡아 발 크기가 1센티미터씩 커질 때마다 평균 몸무게가 4.5킬로그램씩 늘어나고, 키는 6센티미터씩 늘어난다. 따라서 이 발자국의 주인은 어깨 높이가 84센티미터에, 몸무게가 63킬로그램 정도라는 말이 된다. 이렇게 큰 늑대는 처음이었다.

킹은 탄성을 내질렀다.

"틀림없어. 이건 그 빌리 녀석이 분명해."

킹은 염소가 많은 지역에서 살았기 때문에 숫염소를 가리키는 '빌리'라는 말을 썼다. 이렇게 사소한 이유로 검은 목털은 자신의 적에게 '배드랜드 빌리'로 알려지게 되었다.

늑대들은 무리를 부를 때 단조롭고 긴 울음소리를 낸다. 하지만 빌리는 높낮이가 있는 독특한 울음소리를 내기 때문에 뚜렷이 구별되었다.

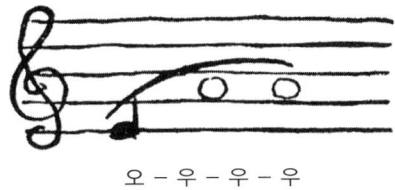

오 - 우 - 우 - 우

늘대 사냥꾼 킹도 예전에 미루나무 협곡에서 그 소리를 들은 적이 있었다. 킹은 목털이 검고 커다란 그 늘대를 보는 순간 자기 덫에 걸렸던 사나운 누런 늘대의 새끼라는 것을 알아보았다.

이것은 밤에 모닥불 가에 앉아 킹한테 들은 이야기이다. 예전에는 덫이나 독약으로 쉽게 늘대를 잡을 수 있었다. 하지만 순진한 늘대들이 사라지면서 그런 시절도 지나갔다. 지금은 새로운 꾀를 가진 새로운 늘대들이 목장 주인들을 비웃으며 꾸준히 늘어났다.

킹은 펜루프가 각종 사냥개들을 데리고 다니며 겪었던 다양한 모험 이야기도 들려주었다. 펜루프에게는 가죽이 너무 얇아서 싸움을 못 하는 폭스하운드, 목표물이 눈에 보이지 않으면 아무 쓸모 없는 그레이하운드, 거친 지형을 달리기에는 몸이 너무 무거운 그레이트데인 등 갖가지 사냥개가 있었고, 결정적인 순간에 늘대한테 덤벼드는 불테리어도 이따금 사냥개 무리에 끼워 넣는다고 했다.

킹은 코요테 사냥에 대해서도 이야기해 주었다. 코요테는 들판으로 도망치다가 그레이하운드한테 금방 잡히기 때문에, 코요테 사냥은 대개 성공한다고 한다. 킹은 펜루프의 사냥개 무리로 작은 늘대를 잡은 이야기도 들려주었다. 그런 경우, 사냥개들의 우두머리는 대개 목숨을 잃는다고 한

다. 하지만 무엇보다 킹이 가장 상세하게 들려준 이야기는 '센티넬산의 저주받을 검은 목털'의 생생한 무용담이었다. 킹은 그 늑대를 추적해서 붙잡거나 막다른 곳에 몰아넣으려고 갖은 애를 썼지만 번번이 실패했다고 한다. 그 거대한 늑대는 펜루프의 낙인이 찍힌 훌륭한 가축들만 집요하게 잡아먹었다. 더군다나 그 늑대에게 배워 털끝 하나 다치지 않고 가축을 사냥하는 늑대들이 해마다 늘어만 갔다.

금광을 찾아다니는 사람들이 보물 이야기에 귀를 기울이듯, 나는 늑대 이야기에 푹 빠져들었다. 그런 이야기는 바로 내가 사는 세상에서 일어나는 일들이었기 때문이다. 더욱이 펜루프의 사냥개 무리가 우리의 모닥불 주위에 누워 있는 지금, 배드랜드 빌리에 관한 이야기는 우리 모두에게 더없이 중요했다. 이제 곧 배드랜드 빌리를 잡으러 갈 것이다.

8

밤의 울음소리와 아침에 발견한 커다란 발자국

서쪽 하늘에서 마지막 빛줄기가 스러지고 코요테들이 시끄럽게 짖어 대기 시작하는 늦은 9월의 어느 날 밤, 굵고 낮은 울음소리가 울려 퍼졌다.

킹은 담뱃대를 꺼내 고개를 돌리며 말했다.

"바로 그놈이야, 빌리. 하루 종일 높은 데서 우리를 지켜보다가 총이 소용없을 때가 되니까 슬슬 나타나는군."

개 두세 마리가 목털을 곤두세우며 일어났다. 울음소리의 주인공이 코요테가 아닌 줄 똑똑히 아는 것이다. 개들은 어둠 속으로 뛰어나갔지만 멀리 가지는 못했다. 컹컹 짖던 소리가 비명에 가까운 깨갱갱 소리로 바뀌기 무섭게 개들은 안전한 불가로 돌아왔다.

그중 한 마리는 어깨가 심하게 찢겨 이번 사냥에 쓸모가 없게 되었다. 다른 한 마리는 옆구리를 다쳤는데 겉보기에는 상처가 심하지 않은 것 같았다. 하지만 그 개는 이튿날 아침 땅에 묻히고 말았다.

사냥꾼들은 머리끝까지 화가 치밀었다. 그들은 당장에 복수를 맹세하고 동이 트자마자 추적에 나섰다. 동틀 무렵이면 늘 그렇듯이 코요테들이 캥캥캥 합창을 하더니, 날이

"바로 그놈이야."

완전히 밝자 언덕 너머로 눈 녹듯이 자취를 감추었다. 사냥꾼들은 개들이 그 큰 늑대를 찾아내기를 바라며 발자국을 찾아다녔지만, 사냥개들은 발자취를 찾아내지도 못했고 찾으려고도 하지 않았다.

그 대신 개들은 코요테를 한 마리 발견하고, 이삼백 미터쯤 쫓아가서 죽여 버렸다. 코요테는 송아지와 양을 죽이기 때문에 그것도 성과이기는 했지만, 다들 속으로는 똑같은 생각을 했다.

'조그만 코요테 앞에서 힘센 척, 용감한 척하면 뭐 해. 간밤에 그 큰 늑대한테는 꼼짝도 못 한 주제에.'

펜루프의 아들은 누가 묻지도 않았는데 이렇게 말했다.

"간밤에 빌리가 자기 패거리를 몽땅 데리고 왔나 봐요."

그러자 킹이 퉁명스레 대꾸했다.

"발자국은 하나밖에 없었네."

그렇게 10월 한 달이 다 지나갔다. 우리는 개들을 따라 빌리의 것인 듯한 발자국들을 찾아 온종일 힘겹게 말을 타고 돌아다녔다. 하지만 개들은 커다란 늑대가 두려운지 발자국을 끝까지 추적하지 못했다. 그러는 동안에도 빌리가 입힌 피해 소식은 계속 들려왔다. 목장 일꾼한테서 전해 듣기도 했고, 우리 눈으로 가축의 사체를 발견하기도 했다. 개들과 함께 다니는 중에는 아주 위험한 일이긴 했지만, 우리는 그 사체들 중 몇몇에다 독약을 넣기도 했다.

10월도 끝나 갈 무렵, 우리는 볕에 그을리고 의기소침해진 가운데서도 지친 말들과 발이 부르튼 사냥개 무리를 이끌고 다녔다. 사냥개가 열 마리에서 일곱 마리로 줄었지만 여태껏 우리가 잡은 것은 늑대 한 마리와 코요테 세 마리뿐이었다. 그동안 배드랜드 빌리는 한 마리에 50달러나 하는 암소와 개를 열댓 마리나 죽였는데 말이다. 몇몇 사냥꾼이 포기하고 집으로 돌아가겠다고 했다. 킹은 그 사람들 편에 목장에 있는 모든 개와 사냥에 필요한 몇 가지 것들을 보내 달라는 편지를 부쳤다.

우리는 이틀 동안 기다리면서 말을 쉬게 하고 가벼운 사냥을 하면서 더 힘든 사냥에 대비했다. 둘째 날 느지막이 멋진 개 여덟 마리가 새로이 도착했다. 이로써 우리는 사냥개 열다섯 마리를 부릴 수 있게 되었다.

날씨가 제법 쌀쌀해지더니, 새벽녘에는 늑대 사냥꾼에게 반갑기 그지없는 눈이 내려 대지를 온통 하얗게 뒤덮었다. 이제 성공은 손에 쥔 거나 마찬가지였다. 기온도 개나 말이 달리기에 딱 좋았다. 게다가 빌리는 멀리 있지도 않았다. 전날 밤에도 빌리의 울음소리가 들렸기 때문이다. 눈 위에 난 발자국만 따라가면 되니까, 일단 걸리기만 하면 빌리는 우리를 따돌리고 도망칠 수 없을 터였다.

아침 일찍 우리가 출발하려는데 세 남자가 말을 타고 야영지로 왔다. 포기하고 떠났던 펜루프의 목장 일꾼들이 날씨가 바뀌자 마음을 바꿔서 돌아온 것이다. 눈이 내리면 행운을 잡을 수 있다는 사실을 알기 때문이리라.

모두가 말에 올라타자, 킹이 말했다.

"다들 명심해. 이번 사냥의 목표는 배드랜드 빌리야. 그놈만 잡으면 이 근처의 늑대들을 죄다 잡을 수 있으니까. 14센티미터짜리 발자국을 잘 기억하라고."

그리하여 사냥꾼들은 늑대의 발자국을 잴 수 있도록 저마다 채찍 손잡이나 장갑에 정확히 14센티미터를 표시해 놓았다.

한 시간도 지나지 않아 우리는 서쪽으로 갔던 사냥꾼한테서 신호를 받았다. 한 번의 총소리, 그것은 '주목하라'는 뜻이었다. 10초 뒤에 다시 총소리가 두 번 났다. '빨리 오라'는 뜻이었다.

킹은 개들을 모아서 사람 형체가 보이는 먼 언덕으로 곧장 말을 달렸다. 우리는 기대에 부풀어 가슴이 쿵쿵 뛰었다. 과연 우리의 기대는 어긋나지 않았다. 몇몇 작은 늑대들의 발자국도 있긴 했지만, 15센티미터에 가까운 큰 발자국도 있었다.

펜루프의 아들은 고함을 지르며 전속력으로 말을 몰았다. 마치 사자 사냥에라도 나선 기세였다. 꿈에도 그리던 행복을 찾았다고나 할까. 그토록 오랫동안 쫓아다니던 멋진 동물이 남긴 선명한 발자국만큼 사냥꾼의 사기를 북돋아 주는 것도 없는 법이다. 생각해 보라, 그 발자국을 흐뭇하게 바라보는 킹의 눈이 얼마나 반짝였겠나!

9

드디어 따라잡다

그렇게 고된 말 타기는 처음이었다. 빌리를 잡는 것은 생각보다 훨씬 오래 걸렸고 사소한 사건들도 숱하게 많았다. 끝없이 이어지는 그 발자국은 빌리가 전날 밤 무슨 짓을 했는지 낱낱이 알려 주었다.

빌리는 연락소를 두루 돌아다니며 새로운 소식이 있는지 살펴본 것 같았다. 빌리는 잠시 걸음을 멈추고 오래된 두개골을 살펴보고는 다시 뒷걸음질 치다가 조심스레 방향을 바꾸어 바람 냄새를 맡으며 뭔가를 조사했다. 알고 보니 그것은 낡은 양철 깡통이었다. 또 낮은 언덕에 올라가 자리를 잡고는 무리를 불렀다. 각각 다른 방향에서 늑대 두 마리가 찾아오자, 빌리는 그 늑대들과 함께 소 떼가 폭풍우를 피하는 강가의 평지로 내려갔다. 거기서 아메리카들소의 두개골을 찾아가기도 하고 나란히 줄지어 달리기도 했다. 그러다가 갈라져 달리던 발자국이 서로 만났다, 바로 여기서. 아, 얼마나 어처구니없는 광경인가! 훌륭한 암소를 갈가리 찢은 채 먹지도 않고 버려둔 것이다. 아무리 자기네 입맛에 맞지 않기로서니! 그런데 1.5킬로미터도 못 가서 놈들이 죽인 암소 사체가 또 나타났다. 배를 채운 지 여섯 시간도 지나지 않았을 텐데. 거기서 놈들의 발자국은 다시 흩어졌지만 멀리 가지는 않은 듯했고, 눈밭에 찍힌 흔적으로 보아 아마도 잠을 잔 것 같았다.

늑대 냄새를 맡자 사냥개들은 목털을 곤두세웠다. 킹은 개들이 함부로 날뛰지 못하게 하려고 애썼지만, 이미 사냥개들은 몹시 흥분한 상태였다. 언덕에 올라 발자국을 살펴보니, 늑대들은 거기서 방향을 바꿔 우리 쪽으로 오다가 전속력으로 도망쳤다. 늑대들은 그 언덕에서 우리를 지켜보았던 게 분명했고, 지금도 그리 멀지 않은 곳에 있었다.

사냥개들은 흩어지지 않고 잘 따라왔다. 아직 사냥감이 나타나기 전이라, 그레이하운드들이 다른 개들 틈에 끼어 어슬렁거리거나 말들과 함께 뛰어다닐 뿐 속력을 내지 않았기 때문이다.

늑대들이 점점 빠르게 달렸기 때문에 우리도 빨리 달려야 했다. 우리는 개들의 뒤를 따라 메사와 작은 골짜기를 오르내렸다. 늑대들은 가장 험한 길만 골라 다녔다. 시간이 계속 흐르는 동안 우리는 작은 계곡을 잇따라 지나쳤고, 늑대 세 마리의 발자국은 끝없이 이어졌다. 아무 변화 없이 또 한 시간이 흘렀다. 우리는 멀리서 짖어 대는 사냥개들의 소리를 따라 쉴 새 없이 언덕을 오르내리며 힘겹게 관목 숲을 헤치고 둥근 바위들을 넘었다.

이윽고 우리는 늑대들을 쫓아 낮은 골짜기로 내려갔다. 하지만 이미 거기에는 눈이 거의 녹고 없었다. 우리는 정신없이 언덕을 뛰어 내려가고 위험한 계곡과 미끄러운 바위를 무작정 뛰어넘으면서, 이대로는 오래 버티기 힘들다는 사실을 깨달았다. 골짜기에서 가장 낮고 건조한 곳에 이르자, 몇몇 사냥개들은 위로 올라가고 몇몇은 내려가고 또 몇몇은 계속 앞으로 달려 나갔다. 킹은 단박에 상황을 알아차리고 욕을 퍼부었다! 늑대들이 뿔뿔이 흩어지자 덩달아 사냥개들도 흩어진 것이다.

개 세 마리가 늑대 한 마리를 쫓아간다면 그 승산은 뻔하다. 네 마리가 달려들어도 늑대를 당해 낼 수 없으며, 만약 두 마리라면 그 개들은 죽은 목숨이나 다름없었다. 하지만 그것은 처음으로 희망적인 조짐이기도 했다. 드디어 늑대들도 힘에 부치기 시작했다는 뜻이기 때문이다.

 우리는 급히 앞으로 뛰어나가 개들을 불러 세우고 발자국 하나만 따라가게 하려고 했다. 하지만 쉬운 일이 아니었다. 눈도 없는 데다 개 발자국이 어지럽게 찍혀 있어서, 빌리의 발자국을 찾을 수가 없었다. 우리가 할 수 있는 일은 개들이 발자국 하나를 골라서 추적하도록 이끌어 주는 것뿐이었다.

 우리는 내심 기대를 하면서도 잘못 짚었으면 어쩌나 하는 걱정도 들었다. 개들은 바람처럼 내달렸다. 킹은 이것이 좋은 징조가 아니라고 했지만, 개들이 땅을 마구 짓밟으며 지나가는 통에 늑대 발자국을 확인할 수가 없었다.

 3킬로미터쯤 달린 뒤, 우리는 다시 눈이 쌓인 곳으로 올라갔다. 그제야 늑대의 모습이 보였지만, 안타깝게도 그것은 가장 작은 늑대였다.

 펜루프의 아들이 투덜거렸다.

 "그럴 줄 알았어. 강한 상대를 쫓아가는 개들치고 너무 겁없이 달리더라니. 산토끼 발자국이 아닌 게 놀랍군."

작은 늑대는 1.5킬로미터쯤 도망치다가 버드나무 숲에서 궁지에 몰려 맹렬히 저항했다. 늑대가 도와 달라고 길게 울부짖는 소리가 들렸다. 우리가 그 현장에 도착하기도 전에 개들은 주춤주춤 물러나 뿔뿔이 흩어졌다. 1분 뒤 숲 저편에서 작은 잿빛 늑대와 덩치 큰 검은 늑대가 쏜살같이 뛰어나왔다.

킹이 외쳤다.

"세상에! 도와 달라고 소리치니까, 진짜로 와서 도와주잖아. 저 빌리 놈, 대단한걸!"

그 순간 나는 동료를 구하기 위해 돌아온 그 용감한 늑대에게 홀딱 반하고 말았다.

그 뒤로 한 시간 동안 우리는 또다시 힘들게 골짜기를 달렸다. 다행히 그곳은 눈이 쌓인 고지대였다. 우리는 온 힘을 다해 흩어진 사냥개들을 끌어모아 그 '14센티미터짜리 발자국'을 쫓게 했다. 나는 그 늑대의 발자국을 마치 애인의 발자국이라도 되는 양 황홀하게 바라보았다.

개들은 다른 두 늑대를 더 쫓고 싶어 하는 게 분명했지만, 우리는 끝까지 개들을 몰아붙였다. 다시 30분 동안 고생하며 나아간 끝에 넓고 평평한 들판으로 올라선 순간, 나는 처음으로 먼발치에서나마 센티넬산의 검은 늑대를 직접 보았다.

"만세! 배드랜드 빌리! 배드랜드 빌리!"

내가 소리 높여 외치자, 다른 사람들도 덩달아 소리쳤다.

우리는 마침내 빌리가 보이는 곳까지 쫓아왔다. 개들도 목청껏 짖으며 달려왔다. 그레이하운드들은 컹컹 짖어 대며 곧장 빌리를 쫓아갔고, 말들도 흥분하여 코를 킁킁대며 더욱 힘차게 뛰어나갔다. 오직 빌리만이 침묵을 지켰다. 나는 빌리의 당당한 체구와 힘, 무엇보다도 길고 억센 턱을 본 순간, 왜 개들이 빌리의 발자국을 피했는지 알았다.

빌리는 머리를 숙이고 꼬리를 내린 채 눈밭을 뛰어갔다. 빌리의 혀는 길게 늘어져 있었다. 힘에 부치는 기색이 역력했다. 빌리는 300미터나 떨어져 있었지만, 늑대 사냥꾼들은 재빨리 회전식 연발 권총을 집어 들었다. 그들은 놀러 나온 게 아니라 피를 보려고 온 것이다. 하지만 다음 순간, 빌리는 가까이 있는 으슥한 협곡으로 사라져 버렸다.

빌리는 협곡을 올라갔을까, 내려갔을까? 위쪽은 빌리의 고향인 센티넬산으로 가는 길이고, 아래쪽은 숨기 좋은 곳이었다. 킹과 나는 '위쪽'이라고 생각하고 산등성이를 따라 서쪽으로 추격해 나갔다. 나머지 사람들은 총 쏠 기회를 노리며 동쪽으로 내려갔다.

이윽고 다른 사람들의 소리가 더 이상 들리지 않았다. 우리는 빌리를 찾지 못했다. 아무래도 빌리는 골짜기 아래로 내려간 모양이었다. 하지만 아래쪽에서도 총소리는 들리지 않았다.

우리는 협곡 맞은편으로 건너갔다. 그러고는 돌아서서 전속력으로 달리며 눈에 발자국이 찍혔는지, 언덕에 뭔가 움직이는 게 있는지 살펴보고, 혹시 무슨 기척이라도 있을까 싶어 바람 소리에도 귀를 기울였다.

하지만 가죽 안장에서 나는 끼끽 소리와 말들이 헉헉거리는 소리, 따가닥거리는 말발굽 소리만 골짜기에 메아리쳤다.

10

고향 산으로 돌아간 빌리

우리는 빌리가 사라진 협곡의 반대편으로 되돌아가 보았지만, 아무런 흔적도 찾을 수 없었다. 천천히 말을 달리며 동쪽으로 1.5킬로미터쯤 갔을 무렵, 킹이 "저길 봐!" 하고 숨 가쁘게 소리쳤다.

앞쪽 눈밭에서 까만 점 같은 것이 움직였다. 우리는 급히 말을 몰았다. 검은 점이 또 하나 나타났고, 다시 하나가 더 나타났지만 그다지 빠르게 움직이지는 않았다. 그쪽으로 5분쯤 더 나아간 곳에서 보니, 그 점은 그레이하운드들이었다. 개들은 사냥감을 놓치자 흥미를 잃고 우리를 찾아다니고 있었던 것이다. 그곳에는 사냥감도 없었고 다른 사냥꾼들도 없었다.

하지만 우리는 서둘러 다음 산등성이로 갔고, 거기서 그토록 열심히 쫓아다니던 발자국을 우연히 발견했다. 우리는 빌리가 눈앞에 나타나기라도 한 듯이 열심히 쫓아갔다.

협곡이 또 하나 나타났다. 말을 타고 건널 수 있는 곳을 찾고 있는데, 사냥개들이 사납게 짖어 대는 소리가 숲이 울창한 협곡 깊숙한 곳에서 들려왔다. 떠들썩한 소리는 점점 커지며 협곡 중간까지 올라왔다.

우리는 빌리를 볼 수 있을까 싶어 협곡 가장자리를 따라 달렸다. 협곡 맞은편에서 개들이 나타났다. 개들은 한데 몰려오지 않고 띄엄띄엄 길게 줄을 지어 왔다. 5분이 지나자 개들은 협곡 가장자리로 올라왔고, 그 앞에서 거대한 검은 늑대 빌리가 도망치고 있었다.

빌리는 여전히 꼬리를 내리고 고개를 떨군 채 뛰어갔다. 녀석의 다리는 힘이 넘쳤고 턱과 목도 튼튼해 보였지만, 보폭이 점점 줄어들었고 힘차게 튀어 오르는 기세도 수그러든 것 같았다.

개들은 천천히 높은 곳에 이르러 빌리를 보더니 힘없이 짖어 댔다. 개들도 지친 것이다. 우리와 함께 있던 그레이하운드들이 그 광경을 보고, 나중에 지쳐 쓰러질 게 뻔한데도 맹렬하게 협곡 아래로 뛰어 내려가 맞은편으로 올라갔다. 우리도 말을 타고 돌아다녔지만 협곡을 건널 만한 곳을 찾지 못했다.

늑대 사냥꾼 킹은 추격이 절정에 달하는 순간에 구경만 하게 되자, 분통이 터져 미친 듯이 고함을 질러 댔다. 킹은 거칠게 말을 몰아 골짜기의 폭이 좁아지는 곳까지 올라갔다. 험준한 곳이었지만, 킹은 아랑곳하지 않았다.

우리가 센티넬산에 가까워졌을 때, 남쪽에서 사냥개들의 가냘픈 울음소리가 다시 들려왔다. 높은 산비탈 쪽으로 가자, 좀 더 크게 들렸다. 우리는 작은 언덕에 멈춰 서서 눈밭을 둘러보았다. 이윽고 움직이는 점 하나가 나타나더니, 잇따라 다른 점들이 나타났다. 점들은 뭉쳐 있지 않고 띄엄띄엄 줄지어 왔고, 이따금씩 가냘픈 울음소리가 희미하게 들렸다.

점들은 우리 쪽으로 다가왔다. 그렇다! 아무도 뛰지 않았기 때문에 속이 터질 만큼 더뎠지만, 점들은 조금씩 다가오고 있었다. 먼저 무시무시한 암소 살해자가 절룩거리며 나타났고, 한참 뒤에야 그레이하운드 한 마리가 보이더니 그 뒤로 또 한 마리가 나타났다. 좀 더 지나자 나머지 개들이 하나둘씩 발을 질질 끌며 느릿느릿 쫓아왔다.

오랫동안 힘들게 추격한 보람이 있었다. 늑대는 사냥개들을 따돌리려고 애썼지만 결국 실패하고 말았다. 이제 파멸의 시간이 다가온 것이다. 늑대는 지칠 대로 지쳤지만 개들은 아직 기운이 남아 있었다. 개들은 산모퉁이를 돌아 천천히 우리 쪽으로 다가왔다.

우리는 사냥에 합세하고 싶은 마음이 굴뚝같았지만, 협곡을 건널 수가 없어서 숨죽인 채 지켜보는 수밖에 없었다. 늑대와 개들의 거리는 더욱 좁혀졌다. 사냥개들의 힘없는 울음소리가 바람에 실려 왔다.

빌리는 방향을 바꾸어 가파른 비탈길을 올라갔다. 한 번도 미끄러지지 않는 것을 보니 잘 아는 길인 듯했다.

나는 자꾸 빌리한테 마음이 끌렸다. 동료를 구하러 돌아왔던 빌리. 최후를 맞으러 고향 산으로 지친 몸을 이끌고 산비탈을 오르며 주위를 둘러보는 빌리를 보니, 킹과 나는 순간적으로 가슴이 저렸다. 개 열다섯 마리와 사냥꾼들에게 포위되었으니, 이제 빌리는 도망칠 곳이 없었다.

빌리는 비틀거리며 위로 올라갔다. 그 뒤를 따라 한 줄로 늘어선 개들이 점점 바짝 쫓아왔다. 사냥개들의 거친 숨소리만 들릴 뿐, 개들이 늑대를 몰아붙일 때 짖는 소리는 거의 들리지 않았다. 다들 숨이 차서 짖을 힘조차 없었던 것이다. 그 엄숙한 행렬은 계속 위를 향했다. 늑대와 개들은 산줄기 하나를 빙 돌아 벼랑길을 따라 올라갔다. 벼랑길은 갈수록 좁아지다가 몇 미터쯤 내려가 협곡 위로 툭 튀어나온 바위 턱으로 이어졌다. 맨 앞에 있던 개들이 적에게 서서히 다가갔다. 기진맥진한 적에게는 두려움을 느끼지 않는 듯했다.

한 발짝만 헛디뎌도 죽음으로 굴러떨어질 판인 좁디좁은 곳에 이르자, 거대한 늑대는 돌아서서 개들을 마주 보았다. 머리를 약간 숙이고 꼬리는 살짝 치켜든 채 거무스름한 목털을 곤두세우고는 날카로운 이빨을 소리 없이 번뜩이며 앞발로 굳건히 버티고 서 있었다. 오랜 시간 쫓겨 다니느라 다리가 후들거리기는 했지만 목과 턱과 심장은

거대한 늑대는 돌아서서 개들을 마주 보았다.

아직 튼튼했다. 개를 사랑하는 사람은 지금부터 책을 덮는 게 좋다. 15 대 1의 싸움이었다. 가장 날쌘 개가 먼저 달려들었다. 모든 일이 눈 깜짝할 사이에 벌어졌다. 바위에 철썩 부딪쳐 산산이 부서지는 물줄기처럼, 그 좁은 길로 잇따라 쏟아져 들어간 개들은 빌리에게 달려들었다가 곧바로 튕겨 나갔다.

팽고는 맥없이 달려들었다가 늑대의 반격을 받고 큰 상처를 입은 채 낭떠러지로 곤두박질쳤다. 댄더와 콜리도 화닥닥 덤벼들었지만, 공중으로 번쩍 치솟더니 좁다란 벼랑길 밖으로 떨어지고 말았다. 그 뒤를 이어 블루스팟, 힘센 오스카, 겁 없는 티지가 나가떨어졌다. 늑대는 바위 옆에 굳게 버티고 서 있었다. 싸움은 눈 깜짝할 사이에 끝났고, 남은 것은 늑대뿐이었다. 큰 개들은 모두 죽었고, 나머지 개들이 다가갔다. 앞쪽 개들은 뒤쪽 개들한테 떠밀려 죽음을 향해 나아갔다. 빌리는 가장 날랜 개에서 가장 덩치 큰 개에 이르기까지 모든 개들에게 깊은 상처를 입힌 뒤 밑에서 입을 쩍 벌리고 있는 협곡으로 던져 버렸다. 바위와 부러진 나무들이 날카로운 이빨처럼 삐죽삐죽 솟아 있는 그곳으로.

싸움은 50초 만에 끝났다. 바위는 세찬 물줄기를 막아 냈고, 펜루프의 사냥개들은 떼죽음을 당했다. 그리고 배드랜드 빌리는 다시금 자신의 산에 홀로 서 있었다.

 빌리는 잠시 개들을 기다렸다. 하지만 사냥개들이 다 죽었기 때문에 더 이상 나타날 개가 없었다. 빌리는 숨을 고르고는, 그 파괴의 현장에서 처음으로 힘겹게 소리를 내어 승리의 울음을 길게 토해 냈다. 그러고는 낮은 비탈로 올라가 센티넬산의 어느 협곡으로 사라졌다.

 우리는 돌처럼 뻣뻣이 굳은 채 멍하니 바라보고만 있었다. 총을 들고 있다는 사실도 잊어버렸다. 모든 것이 너무 순식간에 끝났다. 우리는 빌리가 사라질 때까지 꼼짝도 하지 못했다.

 싸움이 벌어졌던 곳은 그리 멀지 않았다. 우리는 말에서 내려 도망친 개가 있는지 살펴보러 갔다. 하지만 살아남은 개는 단 한 마리도 없었다. 우리는 아무것도 할 수 없었고, 아무 말도 할 수 없었다.

11

석양의 울음소리

일주일 뒤, 킹과 나는 말을 타고 침니팟 뒤쪽의 높은 오솔길을 지나갔다.

킹이 말했다.

"그 영감은 이제 넌더리가 난 모양이야. 할 수만 있다면 목장을 팔아 치우겠다나. 앞으로 또 어떤 일이 벌어질지 모르겠다면서 말이야."

센티넬산 너머로 해가 졌다. 더몬트의 목장으로 이어지는 모퉁이에 이르자, 사방이 어둑어둑해졌다. 그때 저 아래 강가의 평지에서 낮고 굵은 울음소리가 울려 퍼지더니 거기에 대답이라도 하듯 좀 더 높은 울음소리들이 이어졌다.

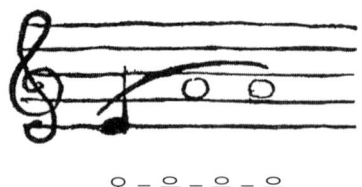

오 - 우 - 우 - 우

아무것도 보이지 않았지만 우리는 열심히 귀를 기울였다. 늑대들의 사냥 노래가 잇따라 울려 퍼졌다. 그 소리가 희미해지자, 또 다른 소리가 어두운 밤을 뒤흔들었다. 날카롭게 짖는 소리와 짤막한 울음소리. '포위하라'는 신호였다. 다음 순간 소의 외마디 비명 소리가 아주 짧게 들리다가 금방 그쳤다.

킹은 자기 말을 쓰다듬으며 무뚝뚝하게 말했다.

"그 녀석이야. 또 무리를 이끌고 나와서 쇠고기 맛을 보는 모양이군."

RAGGYLUG
The Story of a Cottontail Rabbit
솜꼬리토끼 래길러그의 모험

래길러그는 어린 솜꼬리토끼이다. '너덜귀'라는 뜻의 래길러그라는 이름은 난생처음 모험에 나섰다가 귀를 물어뜯겨 한쪽 귀가 너덜너덜해진 바람에 붙은 이름이다. 래길러그는 올리펀트 노인네 늪에서 어미 토끼와 함께 살았다. 나는 바로 그 늪에서 래길러그와 그 어미를 만났고, 여러 가지 방법으로 증거와 사실을 수집해서 이 글을 쓰게 되었다.

동물을 잘 모르는 사람은 내가 동물을 마치 사람처럼 대한다고 생각할지 모르지만, 동물과 가까이 지내면서 동물의 삶과 마음을 잘 아는 사람이라면 그렇게 생각하지 않을 것이다.

분명히 토끼들은 우리가 생각하는 식의 말은 할 줄 모르지만, 소리, 신호, 냄새, 수염의 접촉, 동작으로 생각을 전달하고, 말로 설명하는 대신 직접 행동하여 본을 보이기도 한다. 이 이야기에서 나는 토끼의 말을 사람의 말로 옮겨 놓았지만, 토끼들이 하지 않은 말까지 옮기지는 않았다는 점을 꼭 기억해 주기 바란다.

1

어미 토끼는 늪지대의 무성한 풀에 가려진 아늑한 보금자리에 래길러그를 숨겼다. 그러고는 바닥에 깔린 마른 풀로 래길러그를 대충 덮어 주고, 늘 그랬듯이 "무슨 일이 있어도 소리 내지 말고 웅크리고 있어라." 하고 당부했다.

래길러그는 잠자리에 들었지만 잠이 오지 않았다. 오히려 눈이 초롱초롱해서 바로 머리 위에 있는 조그마한 초록빛 세상을 빤히 쳐다보았다. 도둑으로 악명 높은 푸른어치와 붉은 청설모가 서로 네가 도둑이라고 요란스레 싸우면서 래길러그가 숨어 있는 덤불까지 오기도 했다. 래길러그의 바로 15센티미터 앞에서 노란 솔새가 파란 나비를 잡았다. 주홍빛 바탕에 까만 점이 박힌 무당벌레는 혹이 달린

더듬이를 찬찬히 흔들면서 느긋하게 풀잎을 타고 올라갔다가 다른 풀잎을 타고 내려오더니, 래길러그의 보금자리를 가로질러 래길러그의 얼굴 위로 지나갔다. 그래도 래길러그는 꼼짝도 하지 않았다.

잠시 뒤 가까운 덤불에서 나뭇잎이 스치는 듯한 이상한 소리가 귀를 간질였다. 그 이상한 소리는 계속 이어졌다. 그리고 요리조리 움직이면서 점점 가까워졌는데, 발소리는 들리지 않았다.

래길러그는 평생을 늪에서 살았지만(하긴 래길러그는 태어난 지 3주밖에 안 되었다.) 이런 소리는 처음이었다. 당연히 호기심이 왈칵 솟구쳤다. 가만히 웅크리고 있으라는 엄마의 당부는 위험할 때나 해당되는 말이다. 지금처럼 발소리도 없는 이 낯선 존재가 위험할 리는 없다.

사사삭 풀잎을 스치는 나직한 소리가 손에 잡힐 듯 가까이서 들렸다가는 오른쪽으로 돌아 다시 뒤로 물러나 멀어지는 것 같았다. 래길러그는 자기도 알 건 다 안다고 생각했다. 더 이상 아기가 아니었다. 소리의 정체를 밝히는 것이 지금 자기가 할 일이었다.

래길러그는 오동통한 몸을 천천히 일으켜 짤막하고 복슬복슬한 다리로 서서는, 마른 풀 위로 작고 동그란 얼굴을 내밀어 숲을 둘러보았다. 래길러그가 움직이자마자 소리가

"엄마, 엄마!" 래길러그는 공포에 휩싸여 비명을 질렀다.

뚝 그쳤다. 아무것도 보이지 않자 래길러그는 좀 더 잘 살펴보려고 한 발을 내디뎠다. 그 순간 어마어마하게 큰 검정 뱀과 딱 마주쳤다.

그 괴물이 쏜살같이 달려들자, 래길러그는 공포에 휩싸여 "엄마!" 하고 비명을 질렀다. 그러고는 작은 네다리에서 온 힘을 짜내어 정신없이 도망쳤다. 하지만 뱀은 순식간에 래길러그의 귀를 물고는 기다란 몸뚱어리로 래길러그를 친친 감았다. 그러고는 저녁감으로 잡은 연약한 새끼 토끼를 흐뭇하게 바라보았다.

그 잔인한 괴물이 서서히 숨통을 조여 오자, 가엾은 래길러그는 숨을 헐떡이며 "엄마, 엄마!" 하고 소리쳤다. 조금만 늦었어도 어린 토끼는 이내 비명 소리도 내지 못하게 되었을 것이다. 하지만 바로 그때 숲속에서 어미 토끼가 펄쩍 뛰어나와 화살처럼 곧게 달려왔다.

어미 토끼는 더 이상 뱀 그림자만 보고도 도망치는 겁 많고 연약한 솜꼬리토끼가 아니었다. 어미는 모성애가 강했다. 새끼의 울음소리를 들은 어미는 영웅처럼 용기가 불끈 솟아 그 무시무시한 파충류에게 달려들었다. 어미 토끼가 날카로운 뒷발톱으로 뱀을 힘껏 할퀴고 지나가자, 뱀은 고통스러운 듯 싯싯거리며 몸부림쳤다.

새끼 토끼가 "어어엄마." 하고 가냘프게 소리치자 어미는 펄쩍펄쩍 뛰어오르며 더욱 사납게 뱀을 할퀴었고, 결국 그 무시무시한 파충류는 새끼 토끼의 귀를 놓고 어미 토끼에게 덤벼들었다. 하지만 털 뭉치만 한입 가득 물 뿐 번번이 허탕이었다. 이윽고 어미 토끼의 맹렬한 공격이 효과를 나타냈다. 파충류의 거무튀튀한 비늘 갑옷에 난 기다란 상처들이 벌어지면서 피가 배어 나오기 시작한 것이다.

　이제 상황은 뱀에게 불리하게 돌아갔다. 뱀은 전세를 가다듬고 어미 토끼의 다음 공격에 대비하느라 똬리를 느슨하게 풀었고, 그 틈에 래길러그는 재빨리 몸을 비틀어 빠져나와서는 덤불 속으로 달아났다. 래길러그는 까무러칠 듯이 놀라 숨을 가쁘게 몰아쉬기는 했지만, 왼쪽 귀가 무시무시한 뱀의 이빨에 찢겨 너덜너덜해진 것 말고 크게 다친 데는 없었다.

새끼가 풀려났으므로 어미는 더 이상 싸울 이유가 없었다. 명예나 복수심 때문에 싸울 생각은 눈곱만치도 없었다. 어미가 전투를 멈추고 숲으로 들어가자, 새끼도 신호등 불빛 같은 어미의 새하얀 꼬리를 따라 안전한 늪 구석으로 향했다.

2

올리펀트 노인네 늪지대는 가시덤불이 빽빽이 우거진 이차림* 지대로, 한복판으로 개울이 흐르는 진흙 연못이 하나 있었다. 옛 숲에서 자라던 나무 가운데 아직 남아 있는 나무도 몇 그루 있었고, 아주 오래된 몇 그루는 통나무가 되어 덤불숲에 쓰러져 있었다.

연못 근처에는 버드나무가 자라고 사초**가 무성했는데, 고양이와 말은 그곳을 피해 다녔고 소들은 겁내지 않았다. 좀 더 마른 땅은 들장미 덤불과 어린나무로 뒤덮여 있었다.

들판과 맞닿은 늪지대의 가장자리에는 줄기에서 진득한 수액이 흘러나오는 젊은 소나무가 무성했다. 싱싱한 솔잎

---

* 원래부터 있던 숲이 벌목이나 화재 등으로 사라지고 나서 새로이 생겨난 숲.
** 주로 습지에서 자라는 벼와 비슷하게 생긴 식물.

과 땅바닥에 뒹구는 죽은 솔잎의 냄새는 그곳을 지나다니는 이들에게는 감미로운 향기였지만, 보잘것없는 이 늪지대를 두고 장차 소나무들과 경쟁하게 될 어린나무들한테는 독처럼 해로운 냄새였다.

늪지대 주위에는 드넓은 들판이 펼쳐져 있었는데, 이 들판을 지나다니는 야생 동물은 늪지대 근처에 사는 치사하고 못된 여우뿐이었다.

늪의 주인은 래길러그와 그의 어미 몰리였다. 주위에 가까운 이웃도 없었고, 친척들은 모두 죽었다. 늪지대는 이 토끼들의 고향이자 삶의 터전이었다. 이곳에서 래길러그는 앞으로 살아가는 데 필요한 훈련을 받았다.

몰리는 훌륭한 어미로서 아들을 정성껏 교육시켰다. 래길러그가 맨 먼저 배운 것은 '소리 내지 말고 웅크리고 있기'였다. 뱀한테 혼난 뒤로 래길러그는 그 가르침에 담긴 지혜를 배웠다. 래길러그는 결코 그 교훈을 잊지 않았다. 그 뒤로는 항상 배운 대로 행동했고, 그러자 나머지 것들도 쉽게 배울 수 있었다.

두 번째 가르침은 '얼음'이었다. 그것은 첫 번째 가르침이 발전한 것으로, 래길러그는 달릴 줄 알게 되자마자 그것을 배웠다.

'얼음'은 석고상처럼 꼼짝도 하지 않는 것이다. 잘 훈련된 솜꼬리토끼는 적이 가까이 있다는 사실을 눈치채는 순간, 무슨 일을 하고 있었든지 간에 모든 동작을 멈추고 가만히 있는다. 숲속 동물들은 식물들과 색깔이 똑같기 때문에 움직이지 않으면 잘 눈에 띄지 않는다. 그래서 어쩌다 적과 마주치면 먼저 본 쪽이 '얼어붙는다'. 일단 모습을 감추면 공격할지 도망갈지 선택할 수 있는 유리한 입장이 되기 때문이다. 이 사실이 얼마나 중요한지는 숲속 동물들만 안다. 모든 야생 동물과 사냥꾼도 이 교훈을 배워야 한다. 사실 누구나 그 요령을 배우긴 하지만, 솜꼬리토끼 몰리만큼 능숙하게 하지는 못했다.

몰리는 직접 시범을 보이며 래길러그에게 이 꾀를 가르쳤다. 하얀 솜털이 보송보송한 어미의 엉덩이가 숲속으로 가물가물 사라지면, 래길러그는 어미를 놓치지 않으려고 부리나케 쫓아간다. 그때 몰리가 뛰다 말고 '얼어붙으면', 래길러그는 흉내 내고 싶은 마음에 자연히 어미의 행동을 따라 하게 된다.

몰리의 가르침 가운데 가장 훌륭한 가르침은 들장미 덤불 비법이다. 이것은 아주 오래된 비법으로, 정확하게 이해하려면 들장미 덤불이 왜 짐승들과 싸웠는지부터 알아야 한다.

옛날 옛적에 장미는 가시 없는 줄기에서 꽃을 피웠다. 하지만 다람쥐와 생쥐가 타고 오르고, 소가 뿔로 들이받고, 주머니쥐가 긴 꼬리로 핵핵 잡아당기고, 사슴이 뾰족한 발굽으로 짓밟아 댔다. 그러자 들장미 덤불은 꽃을 지키기 위해 가시로 무장하고, 줄기를 타고 오르거나 뿔이나 발굽이나 긴 꼬리가 달린 모든 동물과 끝없는 전쟁을 선포했다. 들장미 덤불은 결국 솜꼬리토끼하고만 평화롭게 지내게 되었다. 솜꼬리토끼는 줄기에 올라오지도 않고 뿔도 없고 발굽도 없고 꼬리도 없다시피 했기 때문이다.

사실 솜꼬리토끼는 들장미에게 해를 끼친 적이 없었고, 적이 많은 들장미는 그런 솜꼬리토끼와 특별한 우정을 키웠다. 그래서 가엾은 토끼는 위험에 처하면 수백만 개의 날카로운 독가시가 돋친 들장미가 자신을 지켜 주리라고 굳게 믿고 가까운 들장미 덤불로 도망치는 것이다.

래길러그가 어미 토끼한테 배운 비법이란 바로 '들장미 덤불은 너의 가장 친한 친구'라는 것이었다.

래길러그는 오랜 시간을 들여 가시덤불 길과 지형을 완벽하게 익혔다. 그래서 지금은 다섯 번만 깡충깡충 뛰면 언제든지 친절한 들장미 덤불로 뛰어들 수 있는 길을 두 가지나 알고 있었다.

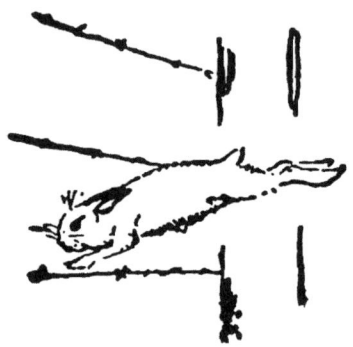

얼마 전부터 사람들은 솜꼬리토끼의 적들이 몹시 싫어하는 새로운 종류의 가시덤불을 가져와서 늪지대를 둘러쌌다. 그 가시덤불은 너무나 튼튼해서 도저히 짓밟을 수 없었고, 워낙 날카로워서 아무리 질긴 가죽도 찢겨 나갔다. 그런 가시덤불은 해마다 늘어났고, 그럴수록 야생 동물들은 골치를 앓았다.

하지만 솜꼬리토끼 몰리는 가시덤불을 두려워하지 않았다. 몰리가 들장미 덤불 속에서 자란 것은 큰 도움이 되었다. 개와 여우, 소와 양 그리고 사람조차 그 무시무시한 가시에 걸리면 살이 찢기지만, 가시덤불을 잘 아는 몰리는 그 밑에서도 잘 살았다. 그리고 가시덤불이 멀리 퍼질수록 솜꼬리토끼는 더욱 안전해졌다. 이 새롭고 무시무시한 가시덤불은 바로 철조망 울타리였다.

3

몰리는 하나뿐인 자식에게 온 정성을 쏟았다. 래길러그는 튼튼할 뿐 아니라, 남달리 재빠르고 영리했으며 운도 억세게 좋았다. 그 덕분에 래길러그는 무럭무럭 자랐다.

몰리는 한 철 내내 래길러그한테 냄새를 맡는 요령과 무엇은 먹어도 되고 무엇은 건드리면 안 되는지를 가르치느라 바빴다. 몰리는 단 하루도 훈련을 거르지 않았다. 자기가 어릴 때 받은 훈련과 지금까지 살아오면서 깨달은 몇백 가지 지식을 하나씩 일러 주며, 솜꼬리토끼가 살아가는 데 필요한 것들을 가르쳤다.

클로버 들판이나 관목 숲에서 풀을 뜯을 때면 래길러그는 어미 곁에 바짝 붙어 앉아 어미가 '냄새를 정확히 분간하려고' 코를 벌름거리는 것을 흉내 내기도 하고, 어미가 자기랑 똑같은 풀을 먹는지 확인하려고 어미가 물고 있는 풀을 잡아당기거나 어미의 입술을 핥기도 했다.

래길러그는 끊임없이 어미 흉내를 내면서 발톱으로 귀털을 빗고, 털을 손질하고, 가슴과 발에 달라붙은 가시 달린 열매를 떼어 낼 줄 알게 되었다. 한번 땅에 떨어진 물은 더러우므로, 들장미 덤불에 맺힌 맑은 이슬만 마셔야 한다는 것도 배웠다. 그렇게 래길러그는 가장 오래된 학문인 숲의 기술을 공부해 나갔다.

래길러그가 혼자서 돌아다닐 수 있을 만큼 자라자, 어미는 당장에 신호 보내는 법을 가르쳤다. 토끼들은 뒷발을 쿵쿵 굴러서 신호를 보내는데, 그 소리는 땅을 타고 멀리까지 전해진다. 그런 쿵 소리가 사람 키 높이에서 난다면 20미터도 채 전달되지 않지만, 땅바닥 가까이에서 난다면 100미터까지도 전달된다. 게다가 토끼들은 귀가 무척 밝아서 쿵 하는 발소리를 200미터 떨어진 곳에서도 들을 수 있는데, 그 정도면 올리펀트 노인네 늪지대의 끝에서 끝까지 넉넉히 신호를 주고받을 수 있다. 발을 한 번 구르면 '조심해'나 '얼음'이라는 뜻이고 발을 천천히 쿵쿵 구르면 '이리 와'라는 뜻이다. 또 빠르게 쿵쿵 울리면 '위험하다'는 뜻이고, 아주 급박하게 쿵쿵쿵 울리면 '죽을힘을 다해 도망치라'는 뜻이다.

날씨가 화창한 어느 날, 푸른어치들이 저희끼리 티격태격하는 것으로 보아 주위에 적이 없다고 판단한 몰리는 래길러그에게 새로운 공부를 시켰다. 몰리는 귀를 납작 눕혀 땅에 엎드리라는 신호를 보내고는 멀리 관목 숲으로 뛰어가 발을 굴러 '이리 와'라는 신호를 보냈다.

래길러그는 그곳으로 뛰어갔지만, 어미의 모습은 보이지 않았다. 발을 굴러 보아도 대답이 없었다. 래길러그는 주변을 꼼꼼히 찾아다니다가 마침내 어미의 발 냄새를 맡았다. 그리고 사람들은 전혀 모르지만 짐승들은 잘 아는 이 특별한 안내자를 따라가 어미가 숨은 곳을 찾아냈다.

그렇게 래길러그는 발자취를 따라가는 첫 수업을 받았다. 이 장난 같은 숨바꼭질은 살아가면서 수없이 겪게 될 진짜 추격전에 대비한 수업인 셈이었다.

수업을 시작하고 첫 번째 계절이 끝나기 전에 래길러그는 토끼가 살아가는 데 필요한 요령들을 모두 터득했고, 꽤 많은 분야에서 뛰어난 재능을 드러냈다.

래길러그는 '나무에 찰싹 붙어 있기', '잽싸게 피하기', '납작 엎드리기'의 명수였다. 또 '통나무에 달라붙어 있기'와 '구불구불 가기', '우뚝 서기'와 '되짚어가기'를 얼마나 잘하는지 다른 꾀는 더 배울 필요도 없었다.

래길러그는 '철조망 수법'이 뭔지도 알고 있었다. 아직 실제로 해 보지는 않았지만, 새로운 차원의 멋진 속임수였다. 또 래길러그는 모든 냄새를 지워 버리는 '모래'를 연구했고, '좁은 굴로 숨기'처럼 더 세심한 주의가 필요한 꾀뿐만 아니라 '교대하기', '울타리 이용하기', '급회전하기'도 완전히 익혔다. 그래도 모든 지혜의 출발점인 '가만히 웅크리고 있기'와 언제나 믿음직한 '들장미 덤불'은 결코 잊지 않았다.

래길러그는 적이 나타났다는 것을 알려 주는 표시와 적을 물리치는 방법도 익혔다. 매, 올빼미, 여우, 사냥개, 들개,

밍크, 족제비, 고양이, 스컹크, 미국너구리, 사람에 이르기까지 저마다 솜꼬리토끼를 추적하는 방식이 달랐지만, 래길러그는 모든 적에 대응하는 법을 배웠다.

처음에는 적이 다가오는 것도 어미 토끼가 알려 주거나 자신이 직접 느껴야 알았지만, 나중에는 푸른어치를 보고 알게 되었다.

어미 토끼가 말했다.

"푸른어치의 경고를 절대로 무시해선 안 돼. 그 녀석은 말썽꾸러기에다 괜히 남의 일에 참견해서 일을 망치고 도둑질을 일삼지. 하지만 어떤 것도 못 보고 지나치는 경우가 없단다. 녀석이 우리한테 해코지를 하고 싶어도 들장미 덤불 때문에 그럴 수가 없어. 그리고 녀석의 적은 우리의 적이기도 하니까, 항상 녀석을 잘 살펴보는 게 좋아. 또 딱따구리가 적이 온다고 하면 믿어도 돼. 딱따구리는 정직하니까. 하지만 푸른어치에 비하면 어리석지. 푸른어치는 장난삼아 거짓말을 하기도 해. 그래도 나쁜 소식을 전할 때는 믿는 게 안전해."

철조망 수법을 쓰려면 배짱이 두둑하고 다리가 튼튼해야 한다. 래길러그도 한참이 지나서야 실제로 철조망 수법을 시도해 보았다. 다리 힘이 충분히 붙고 나서는 래길러그가 가장 좋아하는 꾀 중의 하나가 되었다.

몰리가 말했다.

"제대로 쓰기만 하면, 철조망 수법은 멋진 방법이란다. 개가 쫓아오면 일단 일직선으로 달리며 잡힐 듯 말 듯 조금씩 약을 올리면서, 아슬아슬한 차이로 긴 비탈을 전속력으로 내려가는 거야. 그러면 개는 자기 가슴 높이의 철조망에 사정없이 부딪치지. 그렇게 해서 몸을 못 쓰게 된 개나 여우도 많단다. 큰 사냥개 한 놈은 그 자리에서 죽기도 했어. 하지만 그 방법을 쓰다가 죽은 토끼도 여럿 있단다."

래길러그는 어떤 토끼들은 영원히 알아차리지 못하는 사실, 즉 '좁은 굴로 숨기'가 생각보다 좋은 꾀가 아니라는 사실도 일치감치 알았다. 현명한 토끼한테는 그 방법이 안전할 수도 있지만, 어리석은 토끼한테는 그야말로 죽음의 덫이 되고 마는 것이다.

어린 토끼는 좁은 굴로 숨을 생각부터 하지만, 늙은 토끼는 다른 방법이 모두 실패하기 전에는 결코 이 방법을 쓰지 않는다. 좁은 굴로 숨으면 사람이나 개, 여우나 사나운 날짐승은 피할 수 있지만, 페럿*이나 밍크, 스컹크나 족제비가 쫓아올 경우에는 바로 죽음을 뜻하기 때문이다.

늪지대에는 땅굴이 딱 두 개 있었다. 하나는 남쪽 끝에 있

---

*족제빗과의 가축으로, 쥐나 토끼 사냥에 이용되었다.

는 아늑한 마른 둔덕인 서닝뱅크에 있었다. 앞이 탁 트여 있고 햇살이 비스듬히 비치는 곳이라 화창한 날이면 솜꼬리토끼들은 이곳에서 볕을 쬐었다. 토끼들은 향기로운 솔잎과 윈터그린* 틈에 고양이처럼 길게 드러누워, 온몸에 고루 볕을 쬐려는 듯 느릿느릿 뒤척였다. 그럴 때면 토끼들은 눈을 끔뻑이고 숨을 헐떡이며 마치 끔찍한 고통을 겪는 듯이 몸부림쳤다. 하지만 볕 쬐기는 솜꼬리토끼들의 더없이 짜릿한 즐거움 가운데 하나였다.

  굴은 둔덕 마루에 있는 커다란 소나무 그루터기 밑에 있었다. 누런 모래 위로 구불구불 뻗은 소나무 뿌리는 마치 몸을 한껏 뒤튼 용처럼 보였고, 용의 발톱쯤 되는 곳에 굴이 있었다. 그 굴은 심술쟁이 우드척**이 오래전에 파 놓은 것이었다.

  그 우드척은 날이 갈수록 더욱 심술궂고 사나워지더니,

---

*진달랫과의 상록 식물. 잎에서 향이 나고 톡 쏘는 맛의 빨간 열매가 달려 차나 향료 등으로 쓰인다.
**북아메리카에 사는 다람쥣과 동물. 굴을 파고 살며 겨울잠을 잔다.

어느 날 올리펀트 노인네 개가 나타나자 굴속으로 도망치지 않고 기다렸다가 개와 맞서 싸웠다. 한 시간 뒤, 몰리는 그 굴을 차지했다.

그런데 겁 없고 젊은 스컹크가 뻔뻔하게도 이 소나무 뿌리 밑의 굴을 가로채 버렸다. 조금만 덜 용감했어도 오래 살 수 있었을 텐데, 녀석은 어리석게도 총을 가진 사람조차 자기 앞에서는 도망갈 거라고 믿었다. 몰리한테서 굴을 빼앗은 스컹크는 결국 이스라엘의 어느 왕처럼 나흘 만에 자리를 내주고 말았다.

클로버 들판 옆의 고사리 덤불 속에도 굴이 하나 있었는데, 좁고 축축해서 마지막 도피처로밖에 쓸모가 없었다. 이 굴을 판 것도 우드척으로, 착하고 다정하긴 했지만 조심성이 없는 젊은 우드척이었다. 지금 그 우드척의 가죽은 올리펀트 노인이 밭일하는 말들을 닦달할 때 쓰는 채찍 끈이 되어 있었다.

올리펀트 노인은 이렇게 말했다.

"공평하지, 뭐. 어차피 그놈은 우리 말들이 먹을 꼴을 훔쳐 먹고 살았으니까."

어쨌든 지금 그 땅굴들은 솜꼬리토끼들이 독차지했지만, 꼭 필요한 경우가 아니면 그 근처에는 얼씬도 하지 않았다. 자주 드나들었다가 길이 생기면 도피처를 들킬 위험이 있었기 때문이다.

또 속이 빈 히커리 나무도 도피처가 되었다. 비스듬히 기울어져 있었지만 아직 푸른 잎을 틔우며 살아 있었고, 양쪽으로 트여 있다는 큰 이점이 있었다.

이곳은 로터라는 이름의 늙은 너구리가 오랫동안 혼자 살던 곳이다. 로터는 개구리 사냥을 자신의 천직으로 알면서 옛날 수도승들처럼 짐승 고기는 입에도 대지 않는 너구리라고 알려져 있었다. 하지만 아직 토끼 고기 맛을 볼 기

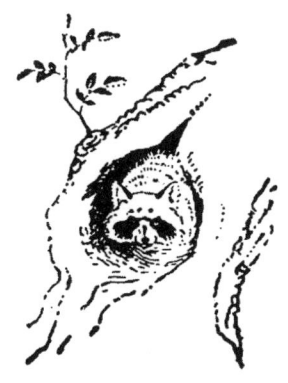

회가 없었던 것뿐 아닌가 하는 영리한 의심도 있었다. 결국 로터는 어느 날 깜깜한 밤중에 올리펀트 노인네 닭을 훔치다가 죽었고, 몰리는 슬퍼하기는커녕 한없는 안도감을 느끼며 너구리의 아늑한 보금자리를 차지했다.

4

8월의 눈부신 아침 햇살이 늪지대를 비추었다. 모든 것이 따스한 햇볕을 담뿍 받고 있는 것 같았다. 조그만 갈색 참새는 연못에서 자라는 긴 골풀 위에 앉아 간들거렸다. 그 밑에 넓게 펼쳐진 연못은 흐린 수면에 드문드문 떠 있는 파란 하늘과 노란 좀개구리밥을 한데 엮고 물에 거꾸로 비친 작은 참새를 한가운데에 놓아 아름다운 모자이크 작품을 만들었다. 뒤편 기슭에서는 금빛이 감도는 초록빛 앉은부채가 무성하게 자라, 늪의 갈색 덤불 위로 짙은 그림자를 드리웠다.

참새의 눈은 아름다운 색깔에는 둔감하지만, 우리가 무심코 지나치는 것도 놓치는 법이 없다. 참새는 넓적한 앉은부채 이파리들 밑에 있는 수많은 갈색 꽃망울 틈에서 쉴 새 없이 코를 벌름거리는 털북숭이 동물 두 마리를 보았다.

몰리와 래길러그였다. 어미와 새끼 토끼는 앉은부채 아래에 몸을 쭉 뻗고 있었는데, 앉은부채의 고약한 냄새가 좋아서가 아니라 이 냄새를 싫어하는 날개 달린 진드기들을 피할 수 있기 때문이었다.

토끼들의 공부 시간은 따로 정해져 있지 않다. 그때그때 닥치는 일에 따라 배우는 것이 달랐고, 배우고 나서야 무엇을 배웠는지 알았다. 두 토끼는 조용히 쉬려고 이곳에 왔지만, 얼마 안 있어 항상 경계를 늦추지 않는 푸른어치의 경고가 들려왔다. 몰리가 코와 귀를 쫑긋거리고 꼬리를 등 쪽에 바짝 붙였다. 올리펀트 노인의 덩치 큰 흰 점박이 개가 늪지대를 가로질러 자기들을 향해 오고 있었기 때문이다.

몰리가 말했다.

"얘야, 내가 가서 저 멍청이가 몹쓸 장난을 치지 못하게 할 테니, 너는 납작 엎드려 있으렴."

몰리는 개한테 뛰어가 겁도 없이 그 앞을 쏜살같이 지나갔다.

"컹컹컹."

개가 몰리를 뒤쫓아가며 짖어 댔다. 하지만 몰리는 잡힐 듯 말 듯 하면서 수백만 개의 가시들이 단단히 박혀 있는 곳으로 개를 유인했다. 개는 몰리를 쫓아 철조망 울타리로 뛰어들었다가 귀가 찢기고 살점이 떨어져 나가 고통스레 울부짖으며 집으로 돌아갔다. 몰리는 개가 되돌아올 경우를 대비해 왔던 길을 잠깐 되짚어 갔다가 다른 길로 빙 돌아왔다. 그렇게 은신처로 돌아왔더니, 래길러그가 발딱 일어나 목을 길게 빼고 어미의 활약을 흥미진진하게 구경하고 있는 게 아닌가.

래길러그가 자기 말을 어긴 것을 안 몰리는 화를 벌컥 내며 뒷발로 래길러그를 진흙탕에 처박아 버렸다.

어느 날 두 토끼가 클로버 들판에서 먹이를 먹고 있는데, 붉은꼬리말똥가리가 쫓아왔다. 몰리는 매를 놀려 주려고 뒷발질을 하고는 자기들이 다니던 길을 따라 들장미 덤불 속으로 잽싸게 뛰어들었다. 물론 매는 거기까지 쫓아올 수 없다. 그곳은 크리크사이드 덤불숲에서 스토브파이프 관목숲으로 통하는 가장 큰 길이었다. 그러나 얼기설기 얽힌 덩굴이 길을 막고 있어서, 몰리는 매를 유심히 살피면서 이빨로 덩굴들을 마구 끊었다. 잠시 지켜보던 래길러그도 어미를 따라서 덩굴을 끊었다.

몰리가 말했다.

"바로 그거야. 네가 다니는 길은 늘 깨끗이 청소해 둬야 해. 가끔은 필요할 때가 있으니까. 길이 너무 넓어지지는 않게 조심하면서 말이야. 덩굴같이 생긴 것들을 끊다 보면 언젠가는 그 속에 숨어 있는 올가미를 발견하게 될 거야."

래길러그는 왼쪽 뒷발로 오른쪽 귀를 긁으면서 물었다.

"올가미가 뭐예요?"

"올가미는 덩굴처럼 생겼지만 자라지는 않는 거야. 매보다 훨씬 나쁜 놈이지."

몰리는 멀리 멀어진 매의 꼬리를 힐끗 쳐다보며 말했다.

"올가미는 널 잡을 때까지 우리가 다니는 길에 밤낮없이 숨어 있거든."

"그래도 날 잡진 못할걸요."

래길러그는 젊은이답게 자신 있게 말하고는 발돋움을 하고 부드러운 어린나무 위쪽에 턱과 수염을 비볐다. 래길러그는 아직 눈치채지 못했지만, 어미 토끼는 래길러그의 그 행동이 사내아이의 목소리가 변하는 것과 같은 신호, 자기 아들이 더 이상 어린 토끼가 아니라고 알려 주는 신호라는 것을 알고 있었다. 래길러그는 이제 곧 어른 솜꼬리토끼가 될 것이다.

5

흐르는 물에는 마법이 깃들어 있다. 누가 그것을 모르고, 느끼지 못하겠는가? 철도 건설자는 넓은 늪지대는 물론이고 호수나 심지어 바다도 거침없이 가로지르며 철둑을 쌓지만, 흐르는 물이라면 아무리 작은 실개천도 깍듯이 존중

하며 물이 무엇을 바라고 어떤 길로 나아가려는지 꼼꼼히 살펴서 세심하게 배려한다. 또 몸에 해로운 알칼리성 사막을 여행하는 사람은 사초 연못이 나타나더라도 죽음이 두려워 갈증을 참는다. 그 대신 연못 한가운데로 맑고 가느다란 물줄기가 흐르는 곳을 찾는다. 흐르는 물은 살아 있는 물이라는 증거이기에, 여행자는 그제야 반가운 마음으로 물을 마신다.

흐르는 물에는 마법이 깃들어 있어 어떤 사악한 주문도 통하지 않는다. 옛날이야기에도 사악한 괴물에게 쫓기던 주인공이 강을 건너서 괴물을 따돌린 경우가 종종 있다. 숲속 동물은 천적이 냄새의 자취를 따라 끈질기게 쫓아오면, 죽음이 머지않았음을 깨닫고 무시무시한 주문에 걸린 듯한 심정이 된다. 힘도 다 떨어지고 온갖 꾀도 소용이 없을 때, 마침내 착한 천사가 나타나 흐르는 물, 살아 있는 물이 있는 곳으로 이끌어 준다. 그러면 숲속 동물은 시원한 물속으로 첨벙 뛰어들어 물길을 따라가다가 이내 기운을 차리고 다시 숲으로 도망치는 것이다.

흐르는 물에는 마법이 깃들어 있다. 사냥개들은 자기가 쫓던 짐승이 물에 뛰어든 바로 그 자리에 와서 여기저기 냄새를 맡는다. 하지만 이미 헛수고다. 경쾌하게 흐르는 물 때문에 개들이 걸어 놓은 주문은 풀리고, 숲의 동물은 목숨을 건진다.

이것은 래길러그가 어미 토끼한테 배운 가장 위대한 비법 가운데 하나였다.

"물은 들장미 덤불에 버금가는 친구이다."

8월의 어느 무더운 밤, 몰리는 래길러그를 데리고 숲으로 갔다. 어미 토끼의 꼬리 안쪽에 나 있는 새하얀 솜털이 희끄무레한 빛을 내며 래길러그를 이끌어 주었다. 물론 그 빛은 어미가 걸음을 멈추고 앉기가 무섭게 사라져 버리긴 했지만 말이다.

몰리와 래길러그는 깡충깡충 뛰어가다가 잠시 멈추어 귀를 기울이고는, 다시 서너 번 뛰어 연못가에 이르렀다. 머리 위의 나무에서는 청개구리들이 '잘 자라, 잘 자라' 노래하고, 깊은 물에 가라앉은 통나무에서는 몸을 잔뜩 부풀린 황소개구리가 시원한 물속에서 턱을 내밀고 개굴개굴 즐거이 노래했다.

몰리는 토끼들의 말로 "조용히 따라와."라고 말하고는, 연못에 퐁당 뛰어들어 한복판에 있는 물에 잠긴 통나무로 헤엄쳐 갔다. 래길러그는 겁이 나서 움찔했지만 조그맣게 '얍' 하고 소리 지르며 물에 뛰어들었다. 그러고는 숨을 헐떡거리며 정신없이 코를 벌름거리면서도 열심히 어미 흉내를 냈다. 땅 위에 있을 때와 똑같이 몸을 움직이니까 물속

래길러그는 눈처럼 하얀 신호등을 따라갔다.

에서도 앞으로 쑥쑥 나아갔다. 마침내 헤엄치는 법을 터득한 것이다.

통나무까지 헤엄쳐 간 래길러그는 물에 잠기지 않은 통나무 한쪽 끝에서 물을 뚝뚝 흘리고 앉아 있는 어미 옆으로 기어올라 갔다. 그곳은 커튼 같은 골풀과 고요한 물에 둘러싸여 있어 숨기가 아주 좋았다.

그 뒤로 덥고 깜깜한 밤중에 스프링필드의 늙은 여우가 슬그머니 늪지대를 지나갈 때면, 래길러그는 황소개구리의 울음소리가 나는 곳을 잘 알아 두었다. 그 소리는 도움이 꼭 필요할 때 안전한 길이 어디인지 일러 주기 때문이다. 그때부터 황소개구리의 노랫소리는 '오라, 오라, 위험하면 찾아오라'고 하는 것처럼 들렸다.

이것은 래길러그가 가장 최근에 몰리한테 배운 지식이다. 사실 그 정도면 대학원 수준이었다. 그러한 사실을 전혀 배우지 못하는 토끼들도 많으니까.

6

 늙어 죽는 야생 동물은 없다. 야생 동물은 빠르든 늦든 비극적인 최후를 맞는다. 얼마나 오랫동안 천적한테 잡히지 않고 버틸 수 있느냐가 문제일 따름이다. 하지만 래길러그의 삶을 살펴보면, 토끼가 일단 어린 시절만 무사히 넘기면 젊음을 한껏 누리고 우리가 노년이라고 부르는 인생의 내리막길에 이르러 죽을 수도 있음을 알 수 있다.
 솜꼬리토끼의 적은 사방에 깔려 있었다. 솜꼬리토끼들은 늘 적을 피해 도망쳐 다녔다. 개, 여우, 고양이, 스컹크, 너구리, 족제비, 밍크, 뱀, 매, 올빼미, 사람, 심지어 곤충들까지 솜꼬리토끼의 목숨을 노렸다. 토끼들은 수없이 많은 모험을 했고, 적어도 하루에 한 번은 기를 쓰고 도망치며 빠른 발과 재치로 목숨을 건졌다.
 스프링필드에서 온 그 얄미운 여우한테 쫓겨 샘가의 망가진 돼지우리 철조망 밑에 숨은 적도 한두 번이 아니었다. 하지만 일단 철조망 울타리 밑으로 피하기만 하면, 여우가 철조망 가시에 다리를 쿡쿡 찔리면서도 자기들을 잡으려고 버둥거리는 모습을 느긋하게 구경할 수 있었다.
 래길러그는 사냥개한테 쫓기다가 개만큼이나 위험한 스컹크와 사냥개 사이에 싸움을 붙인 적도 한두 번 있었다.

또 언젠가는 사냥개와 페럿을 앞세우고 사냥을 나온 사냥꾼한테 산 채로 잡히기도 했다. 하지만 운 좋게도 바로 다음날 도망쳤고, 땅굴이란 역시 믿을 게 못 된다고 더욱 확신하게 되었다. 래길러그는 고양이한테 쫓겨 물에 뛰어든 적도 한두 번이 아니었고, 매와 올빼미한테도 수없이 쫓겨 다녔지만, 그때마다 꾀를 써서 목숨을 건졌다.

래길러그는 어미 토끼가 가르쳐 준 중요한 속임수들을 더욱 발전시켜 나가면서 새로운 꾀들을 수없이 짜냈다. 그리고 점점 나이가 들수록 지혜가 늘면서 빠른 발보다는 자신의 재치를 더 믿게 되었다.

그 동네에는 레인저라는 젊은 사냥개가 있었는데, 개 주인은 가끔 레인저를 훈련시키기 위해 솜꼬리토끼들을 뒤쫓게 했다. 그들이 쫓는 것은 주로 래길러그였다. 젊은 수토끼 래길러그는 아슬아슬한 추격전에서 느끼는 짜릿한 쾌감 때문에 사냥개 못지않게 추격전을 즐겼다.

래길러그는 이렇게 말하곤 했다.

"엄마! 또 개가 와요. 오늘도 한바탕 뜀박질을 해야겠어요."

그러면 어미 토끼는 이렇게 대꾸하곤 했다.

"애야, 넌 너무 겁이 없어! 그러다 큰일 나려고."

"하지만 그 멍청한 녀석을 골려 주는 게 얼마나 재미있는데요. 게다가 이것도 다 훈련인걸요. 다급해지면 발을 구를게요. 그럼 엄마가 와서 나랑 교대하는 동안 한숨 돌릴 수 있잖아요."

래길러그가 나타나면, 레인저가 냄새를 맡고 쫓아왔다. 그러면 래길러그는 이 놀이가 지겨워질 때까지 놀다가, 도와 달라고 발을 쿵쿵 굴러 몰리한테 개를 떠맡기거나 교묘한 속임수로 개를 따돌렸다. 이런 놀이 가운데 하나만이라도 자세히 살펴보면, 래길러그가 숲의 기술을 얼마나 잘 익혔는지 알 수 있다.

래길러그는 땅바닥에서 가깝고 몸이 따뜻할수록 자신의 냄새가 강하게 남는다는 것을 알고 있었다. 그래서 몸을 식히고 냄새가 희미해질 때까지 땅바닥을 피해 반 시간쯤 가만히 있으면 안전하다는 것도 깨달았다.

래길러그는 쫓기다가 지치면 크리크사이드의 들장미 덤불로 가서 '구불구불 가기'를 하며, 즉 지그재그로 달리며 배배 꼬인 발자취를 남겼다. 그러면 개가 냄새를 찾는 데 오래 걸리기 때문이다.

그리고 나서 래길러그는 높다란 통나무 E를 한달음에 지나, 곧장 숲속의 D 지점으로 갔다. 그런 다음 걸음을 멈추고 왔던 길을 되밟아 F까지 갔다가, 거기서 옆으로 방향을 틀어 G로 달려갔다. 그러고는 자기가 왔던 길을 되밟아 J로 돌아가, 사냥개가 자신의 흔적을 쫓아 I를 지나갈 때까지 기다렸다. 그런 다음 자신의 냄새가 묻어 있는 H로 되돌아가 그 선을 따라 E까지 간다. 거기서 냄새를 끊기 위해 통나무 위로 폴짝 뛰어올라 높은 쪽 끝으로 가서는 혹처럼 꼼짝 않고 앉아 있는 것이다.

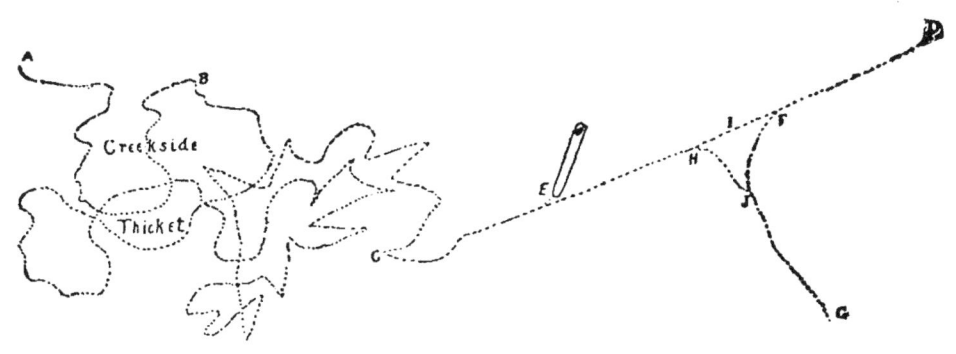

레인저가 미로 같은 들장미 덤불 속을 한참 헤매다 빠져나와 D에 이르렀을 때, 래길러그의 냄새는 이미 희미해져 있었다. 레인저는 냄새를 찾아 빙글빙글 돌아다니다가 가까스로 래길러그의 냄새를 찾았지만, G에 이르자 냄새가 뚝 끊기고 말았다. 다시 래길러그의 냄새를 놓친 레인저는 점점 더 큰 원을 그리며 그 부근을 빙글빙글 돌다가 마침내 래길러그가 앉아 있는 통나무 바로 밑을 지나가게 되었다. 하지만 이미 래길러그의 몸도 식고 날씨도 추워서 통나무 아래까지 냄새가 퍼지지 않았다. 래길러그는 털끝 하나 움직이지 않았고 결국 사냥개는 그냥 지나치고 말았다.

얼마 뒤 개가 다시 통나무가 있는 곳으로 왔다. 이번에는 걸음을 멈추고 킁킁 냄새를 맡아 보았다.

'맞아. 분명히 토끼 냄새야.'

하지만 오래된 냄새였다. 그래도 레인저는 통나무 위로 올라가 보았다.

래길러그한테 위험이 닥친 순간이었다. 거대한 사냥개가 코를 킁킁거리며 통나무를 올라오고 있는 것이다. 하지만 래길러그는 배짱이 두둑했다. 바람이 부는 방향도 딱 좋았다. 래길러그는 레인저가 통나무 한가운데쯤 오면 잽싸게 도망치리라 마음먹었다.

하지만 개는 오지 않았다. 누런 잡종 개라면 거기에 앉아 있는 토끼를 보았겠지만, 그 사냥개는 보지 못했다. 더구나 냄새도 오래된 것 같아 개는 통나무에서 도로 뛰어내렸다. 래길러그가 이긴 것이다.

사냥개는 코를 킁킁대며 통나무를 올라왔다.

7

 래길러그는 어미 말고는 다른 토끼를 한 번도 보지 못했다. 사실 다른 토끼가 있다는 생각도 해 본 적이 없었다. 이제는 어미 토끼와 점점 멀어졌지만, 래길러그는 결코 외롭지 않았다. 토끼들은 원래 누군가 곁에 있어 주기를 바라지 않는다.
 그러던 12월의 어느 날, 래길러그가 붉은 층층나무 덤불 속에서 크리크사이드 덤불숲으로 가는 길을 새로 닦고 있는데, 별안간 서닝뱅크 위에 하늘을 등지고 선 낯선 토끼의 머리와 귀가 나타났다. 낯선 토끼는 자신이 새로 발견한 장소가 만족스러운 눈치였다. 이내 그 토끼는 래길러그가 닦아 놓은 길을 따라 깡충깡충 뛰어서 래길러그의 늪지대로 들어왔다. 래길러그는 분노와 증오가 한데 뒤끓는 듯한 새로운 감정에 휩싸였다. 그것은 '시기심'이라는 감정이었다.
 이 낯선 토끼는 래길러그가 몸을 비비는 나무, 그러니까 래길러그가 발돋움을 하고 서서 한껏 쳐든 턱을 비비는 나무 앞에서 걸음을 멈추었다.
 래길러그는 여태껏 자기가 괜스레 나무에 턱을 비비는 줄 알았다. 하지만 그것은 수토끼라면 으레 하는 일이었고 여러 가지 목적이 있었다. 한 토끼가 나무에 몸을 비벼서 흔적을 남기면, 다른 토끼는 그 냄새를 맡고 이 늪지대에는 벌써 누군가 살고 있으니 함부로 들어와 살 수 없다는 것을 알게 된다. 또 냄새를 맡아 보고 마지막으로 그 나무에 다녀간 토끼가 아는 토끼인지 아닌지도 알아내고, 털이 묻어 있는 높이를 보고 그 토끼의 키도 알아낸다.

래길러그는 새로 온 토끼의 키가 자기보다 머리 하나는 큰 데다 체격도 우람한 것을 보고 기분이 상했다. 이것은 난생처음 겪는 일이어서 래길러그는 낯선 감정에 휩싸였다. 그 녀석을 죽여 버리고 싶은 마음이 불끈 치밀었다. 래길러그는 입 안에 아무것도 없는데도 이빨을 딱딱 부딪치며 질겅거리더니 잘 다져진 평지로 뛰어나가 발을 '쿵, 쿵, 쿵' 굴렀다.

이것은 '내 늪지대에서 나가든지 싸우든지 하자'라는 뜻이었다.

새로 온 토끼는 커다란 귀를 V 자 모양으로 쫑긋 세운 채 이삼 초 동안 똑바로 서 있더니, 앞발을 내리고 훨씬 더 큰 소리로 힘차게 '쿵, 쿵, 쿵' 발을 굴렀다.

이렇게 해서 전쟁이 선포되었다.

둘은 서로 자기한테 유리한 기회를 엿보며 비스듬한 방향에서 짧게 달리다가 서로에게 다가갔다. 낯선 토끼는 덩치도 크고 몸도 탄탄했지만, 한두 번 발이 걸려 넘어지거나 래길러그가 자기보다 낮은 곳에 있을 때 덤벼들지 못하는 것을 보니 힘으로만 밀어붙이는 멍청이가 틀림없었다.

마침내 낯선 토끼가 코앞까지 다가오자 래길러그도 사나운 짐승처럼 맹렬하게 맞섰다. 둘은 마주 선 순간 펄쩍 뛰어올라 뒷발로 서로를 걷어찼다. 쿵, 쿵 소리가 나고 가엾은 래길러그가 벌렁 나동그라지자 낯선 토끼는 번개처럼 달려들어 래길러그를 물었고, 래길러그는 털을 뭉텅 뽑힌 채 가까스로 일어났다.

래길러그는 잰 발로 상대방한테서 빠져나와 다시 달려들었지만 이번에도 사정없이 물어뜯겼다. 래길러그는 놈의 상대가 되지 못했다. 얼마 안 있어 래길러그는 이기느냐 지느냐가 아니라, 죽느냐 사느냐의 갈림길로 내몰렸다.

래길러그는 아팠지만 날쌔게 달아났고, 낯선 토끼는 래길러그를 고향에서 몰아내는 데 만족하지 않고 아예 죽이려고 작정했는지 전속력으로 쫓아왔다. 하지만 래길러그는 다리도 튼튼하고 폐도 튼튼했다. 낯선 토끼는 덩치가 워낙 크고 몸이 무거워서 금방 추격을 포기했다. 래길러그한테는 다행스러운 일이었다. 래길러그는 너무 지쳤고 상처 입은 몸은 점점 굳어 갔다.

그날부터 공포스러운 나날이 이어졌다. 래길러그는 올빼미, 개, 족제비, 사람에 대항하는 훈련은 받았지만, 같은 토

끼한테 쫓길 때 어떻게 해야 하는지는 털끝만큼도 배우지 못했다. 래길러그가 아는 것이라곤 잔뜩 웅크리고 있다가 들키면 도망치는 것뿐이었다.

몰리는 완전히 겁에 질렸다. 아들을 도와주기는커녕 그저 숨을 곳만 찾아다녔다. 하지만 덩치 큰 수컷은 금세 몰리를 찾아냈다. 몰리는 달아나려 했지만 이제 아들만큼 재빠르지도 못했다.

낯선 토끼는 몰리를 죽이지 않고 몰리와 짝짓기를 했다. 하지만 몰리가 자기를 미워하고 도망치려고 하자, 몰리를 못살게 굴었다. 날이면 날마다 몰리를 따라다니며 괴롭혔고, 계속 자신을 미워하는 몰리에게 화가 치밀면 몰리를 쓰러뜨리고는 몰리의 부드러운 털을 분이 풀릴 때까지 물어뜯었다. 그러고 나서는 한동안 몰리를 가만히 내버려 두었다.

하지만 래길러그를 죽이겠다는 마음은 변함이 없었다. 래길러그는 살길이 막막했다. 근방에 마땅히 몸을 피할 늪지대도 없었기 때문에, 래길러그는 이제 낮잠을 잘 때도 언제든 도망칠 준비를 하고 있어야 했다. 덩치 큰 토끼는 하루에도 몇 번씩 자고 있는 래길러그에게 살금살금 다가왔지만, 항상 긴장하고 있던 래길러그는 제때에 깨어나 도망치곤 했다.

언제까지 이렇게 도망쳐 다녀야 하는 걸까? 근근이 목숨만 부지할 뿐인 이 삶은 얼마나 비참한가! 힘이 없다는 이유로 증오스러운 놈한테 최고의 먹이터와 아늑한 은신처, 고생고생해서 닦아 놓은 길들을 빼앗기고, 게다가 어미가 날마다 그놈한테 맞고 물어뜯기는 모습을 지켜보는 것은 미치도록 괴로운 일이었다. 가엾은 래길러그는 승리한 자만이 전리품을 얻을 수 있다는 사실을 뼈저리게 느꼈고, 여우나 페럿보다 그 수토끼를 더 미워했다.

어떻게 하면 이 상황을 끝낼 수 있을까? 래길러그는 도망치고 망보고 변변찮은 먹이를 먹는 데 지쳐 갔고, 몰리도 오랫동안 시달린 탓에 몸과 마음이 약해졌다. 낯선 토끼는 어떻게든 래길러그를 죽이려고 했다. 그러다 마침내 토끼로서는 생각도 못 할 끔찍한 범죄까지 저질렀다.

　토끼는 원래 누군가를 아무리 미워해도 공통의 적이 나타나면 원한을 잊는다. 그런데 낯선 토끼는 거대한 참매가 늪지대로 날아오자, 자기는 꼭꼭 숨은 채 래길러그를 탁 트인 곳으로 몰아냈다.

　래길러그는 매한테 한두 번 잡힐 뻔하기도 했지만, 그때마다 들장미 덤불 덕분에 목숨을 구했다. 덩치 큰 수토끼는 되레 자기가 잡힐 것 같자 더 이상 래길러그를 몰아 대지 않았다. 결국 래길러그는 무사히 도망쳤지만 그렇다고 나아진 것도 없었다.

　다음 날 밤, 래길러그는 새로운 보금자리를 찾아 그 늪지대를 떠나기로 마음먹었다. 그리고 될 수 있으면 몰리도 데려가고 싶었다. 그때 사냥개 선더가 늪지대 언저리를 돌아다니며 냄새를 맡는 소리가 들렸다. 그 순간 래길러그는 목숨을 건 도박을 감행하기로 하고 일부러 사냥개 앞을 가로질러 가 격렬한 추격전을 벌였다.

래길러그는 늪지대를 세 바퀴 돌면서 어미 토끼가 안전하게 숨어 있고, 증오스러운 적이 평소와 같은 보금자리에 있다는 사실을 확인했다. 그런 다음 곧바로 적의 보금자리로 뛰어들어 뒷발로 수토끼를 걷어차면서 훌쩍 뛰어넘어 갔다.

"이 멍청한 놈, 당장 죽여 버리겠어."

수토끼는 그렇게 소리치며 벌떡 일어났지만, 래길러그와 사냥개 사이에 끼여 래길러그를 쫓던 사냥개한테 그대로 당할 위험에 빠졌다.

사냥개는 맹렬하게 짖으면서 짙게 풍기는 냄새를 따라 곧장 달려왔다. 수토끼의 커다란 몸집은 토끼끼리 싸울 때는 퍽 유리했지만, 지금은 결정적인 약점이 되었다. 게다가 수토끼는 속임수에도 어두웠다. 녀석이 아는 속임수는 '급회전하기', '구불구불 가기', '좁은 굴로 숨기' 등 어린 토끼들도 아는 간단한 것뿐이었다. 더구나 왔던 길로 돌아가거나 지그재그로 도망치기에는 사냥개가 너무 가까이 있었고 아는 굴도 없었다.

사냥개와 수토끼는 일직선으로 쫓고 쫓겼다. 모든 토끼한테 똑같이 친절한 들장미 덤불이 최선을 다했지만 소용이 없었다.

사냥개는 빠르고 끈질기게 쫓아왔다. 바스락거리는 덤불소리와 사냥개의 얇은 귀가 들장미 덤불에 찢길 때마다 개가 깽깽거리는 소리가 잔뜩 웅크리고 숨어 있는 두 토끼에게 들려왔다. 그러다 갑자기 그 소리들이 뚝 그치고 엎치락뒤치락 싸우는 소리가 나더니, 처절한 비명이 울려 퍼졌다.

래길러그는 그것이 무엇을 의미하는지 아는 터라 등줄기가 오싹했지만, 금세 공포를 잊고 정든 늪지대를 되찾은 기쁨에 맘껏 젖어들었다.

8

올리펀트 노인한테는 늪지대의 동쪽과 남쪽에 있는 덤불숲을 모두 태우고, 샘 바로 밑에 있는 망가진 돼지우리 철조망을 치울 권리가 분명히 있었다. 하지만 그것은 래길러그와 그 어미한테는 큰 재앙이었다. 덤불숲은 토끼들의 거처이자 적을 탐색하는 기지였고, 철조망은 멋진 요새이자 안전한 도피처였기 때문이다.

솜꼬리토끼들은 아주 오랫동안 늪지대를 차지하고 살아왔기 때문에, 늪지대는 물론이고 올리펀트 노인네 마당과 건물을 비롯한 그 주변의 땅까지 자기네 것이라고 여겼다. 그래서 늪지대 옆에 있는 헛간 앞뜰에 다른 토끼들이 나타나는 것조차 싫어했다.

솜꼬리토끼들이 늪지대는 오랫동안 자기들이 번성해 온 자기네 땅이라고 생각하는 것은, 대부분의 나라들이 자기 영토를 주장하는 것과 똑같다. 따지고 보면 그보다 더 정당한 요구도 없다.

얼음이 녹는 1월에는 올리펀트 노인네 식구들이 연못 주위에 있는 큰 나무마저 잘라 낸 바람에 솜꼬리토끼들의 영토가 더욱 줄어들었다. 그래도 토끼들은 늪지대를 떠나지 않았다. 보금자리인 늪지대를 떠나 낯선 곳으로 옮겨 가기가 싫었기 때문이다.

날마다 위험이 닥쳤지만, 토끼들은 여전히 발이 재빠르고 폐가 튼튼했으며 번뜩이는 재치도 여전했다. 언젠가 밍크 한 마리가 개울을 거슬러 올라와 토끼들의 아늑한 은신처까지 침입하는 바람에 골치를 좀 앓은 적이 있었다. 토끼들은 그 달갑잖은 손님을 올리펀트 노인네 닭장으로 조심스레 꾀어냈다. 하지만 그 밍크가 사람들한테 잡혔는지는 확인하지 못했다. 그래서 한동안은 막다른 골목인 좁은 굴에는 얼씬도 하지 않고 가시덤불과 덤불숲 가까이에서만 지냈다.

눈이 말끔히 녹고 화창하고 따뜻한 날씨가 계속되었다. 몰리는 다리가 쑤시는 것을 느끼며, 아래쪽 관목 숲으로 내려가 기운을 돋워 주는 윈터그린 열매를 찾아다녔다. 래길러그는 부드러운 햇볕을 쬐며 동쪽 둔덕에 앉아 있었다.

낯익은 올리펀트 노인네 박공지붕 굴뚝에서 이따금 연기가 피어올랐다. 덤불숲을 지날 때는 푸르스름한 안개처럼 보이던 연기가 환한 하늘에서는 흐릿한 갈색으로 보였다. 금빛 햇살이 부서지는 박공지붕은 들장미 덤불이 무성한 둔덕에 반쯤 가려져 있었는데, 그늘 쪽은 자주색을 띠었지만 양지쪽은 타는 듯한 진홍빛과 금빛으로 빛났다. 집 뒤편에 있는 박공지붕 헛간도 금빛으로 반짝이며 노아의 방주처럼 서 있었다.

헛간에서 들려오는 소리와 연기에 실려 오는 맛있는 냄새로 보아, 마당에서 동물들이 양배추를 먹고 있는 듯했다. 래길러그는 저도 모르게 군침이 돌았다. 양배추를 무척 좋아하는 래길러그는 그 향기로운 냄새를 코로 발름발름 들이마시며 눈을 깜빡거렸다. 하지만 간밤에도 변변찮은 토끼풀을 먹으러 그곳에 갔었다. 현명한 토끼라면 똑같은 곳에 이틀 밤 연달아 가지 않는 법이다.

래길러그는 현명하게 행동했다. 양배추 냄새가 풍기지 않는 곳으로 가서 건초 더미에서 날아온 건초 한 다발로 저녁을 때운 것이다.

얼마 뒤 잠을 자려는데 몰리가 찾아왔다. 윈터그린 열매를 먹고 기운을 차린 몰리는 서닝뱅크 근처에서 자라는 달콤한 자작나무로 간단하게 끼니를 때운 참이었다.

그사이 해는 찬란한 금빛 광채를 모두 이끌고 사라져 버렸다. 멀리 동쪽 하늘에서 거대하고 시커먼 장막이 올라오더니 점점 높이 솟구쳤다. 장막이 온 하늘로 퍼져 모든 빛을 가려 버리자 세상은 그야말로 암흑천지가 되었다. 해가 없는 틈을 타 또 다른 말썽쟁이 바람까지 나타나 심술을 부렸다. 날씨가 점점 더 추워졌다. 눈이 쌓여 있던 때보다 더 추운 것 같았다.

래길러그가 말했다.

"너무 춥지 않아요? 스토브파이프 덤불숲이 있으면 좋으련만."

그러자 몰리가 말했다.

"오늘 같은 밤에는 소나무 뿌리 밑에 있는 굴에서 자면 좋을 거야. 하지만 아직 헛간 근처에 밍크 가죽이 널린 걸 보지 못했으니 조심해야 돼."

속이 빈 히커리 나무도 베어지고 없었다. 베어진 히커리 나무는 다른 목재들과 함께 쌓여 있었는데, 바로 그 히커리 나무 속에 토끼들이 두려워하는 밍크가 숨어 있었다.

솜꼬리토끼들은 연못 남쪽으로 뛰어가서 덤불숲 하나를 골라 그 밑으로 기어들어 갔다. 그러고는 위험이 닥치면 각기 다른 방향으로 도망칠 수 있도록 코를 다른 방향으로 돌린 채 바람을 맞으며 바싹 붙어 있었다. 시간이 갈수록 바람은 더욱 사납고 차가워졌으며, 한밤중이 되자 얼음 같은 싸라기눈이 관목 숲을 날아다니며 낙엽 위로 하나둘 떨어져 내렸다.

그날 밤은 사냥하기에 적당한 날씨가 아니었다. 그런데도 스프링필드의 늙은 여우가 사냥을 나왔다. 녀석은 늪지대 으슥한 곳에서 바람을 안고 가다가 우연히 덤불숲 아래에서 잠든 솜꼬리토끼의 냄새를 맡았다. 여우는 잠시 걸음을 멈추었다가, 코가 일러 주는 대로 토끼들이 웅크리고 자는 덤불로 살금살금 다가갔다.

몰리가 바람 소리와 싸라기눈 내리는 소리 틈에서 마른 낙엽이 바스락거리는 희미한 발소리를 들었을 때는 이미 여우가 코앞에 와 있었다. 몰리는 얼른 래길러그의 수염을 건드렸고, 둘 다 잠이 확 깨는 순간 여우가 덮쳤다. 하지만 토끼들은 언제든 뛸 수 있는 준비가 되어 있었다.

몰리는 앞을 분간할 수 없는 눈보라 속으로 뛰쳐나갔다. 몰리를 놓친 여우는 이내 경주마 같은 기세로 다시 쫓아갔고, 그 틈에 래길러그는 반대편으로 쏜살같이 도망쳤다.

이제는 돌아갈 기회도 없다.

몰리에게는 오직 한 가지 길밖에 없었다. 몰리는 바람을 안고 곧장 달리다가 여우가 빨리 달리지 못하는 질척한 진흙땅에서 간격을 조금 벌리고는 마침내 연못가에 이르렀다. 이제는 돌아갈 기회도 없다. 계속 가야만 한다.

몰리는 풀을 헤치고 나아가, 깊은 물속으로 첨벙 뛰어들었다.

여우도 몰리를 바싹 뒤따라 연못으로 뛰어들었다. 하지만 그런 밤에 물에 뛰어드는 것은 여우한테 무리였다. 여우는 결국 발길을 돌릴 수밖에 없었다. 오직 한 가지 길밖에 없었던 몰리는 갈대숲을 헤치고 연못 한가운데로 나아가 맞은편으로 헤엄쳐 갔다. 맞바람이 강하게 불었다.

헤엄치는 몰리의 머리 위로 얼음장같이 차디찬 물결이 일었고, 수면을 가득 덮은 눈은 살얼음처럼, 물 위를 떠다니는 진흙처럼 몰리의 앞을 가로막았다. 거무스름한 건너편 물가는 까마득히 멀어 보였고, 어쩌면 여우가 그곳에서 기다릴지도 모르는 일이었다.

하지만 몰리는 세찬 바람을 피하기 위해 귀를 납작 눕힌 채, 젖 먹던 힘까지 짜내어 물살을 헤치며 용감하게 나아갔다. 차디찬 물속을 한참 동안 헤엄친 끝에 건너편 갈대숲에 거의 다다랐을 무렵, 둥둥 떠다니던 거대한 눈덩이가 앞을 가로막았다. 게다가 강둑에서 부는 바람이 꼭 여우 울음소리처럼 들렸다. 몰리는 기운이 쭉 빠졌다. 그러다 그만 눈덩이에 부딪쳐 뒤로 멀찌감치 밀려났다.

　몰리는 다시 앞으로 나아갔지만, 안타깝게도 그 속도는 너무나 느렸다. 마침내 바람이 닿지 않는 키 큰 갈대숲 아래에 이르렀다. 하지만 그때는 이미 다리가 뻣뻣해지고 힘이 다 빠져 살겠다는 의지마저 사그라지고 있었다. 이제 몰리는 여우가 쫓아오든 말든 상관하지 않았다. 몰리는 갈대숲을 지나 잡초들 틈으로 들어섰지만, 그때부터 더욱 느리게 헤엄치며 이리저리 비틀댔다. 힘없이 버둥거리기만 하는 몰리의 몸은 더 이상 뭍으로 다가가지 못했고, 급기야 주변의 물이 얼어붙으면서 오도 가도 못 하게 되었다.

　잠시 뒤 싸늘히 식은 가냘픈 몸뚱이는 더 이상 움직이지 않았고, 수염 난 코끝은 더 이상 씰룩이지 않았다. 죽음이 몰리의 부드러운 갈색 눈을 감겨 주었다.

　건너편 연못가에는 굶주린 입으로 몰리를 갈가리 찢으려고 기다리는 여우 따위는 없었다. 여우의 공격을 받고 허둥지둥 도망쳤다가 한숨을 돌린 래길러그는 몰리 대신 여우와 맞서려고 돌아왔다. 그러고는 몰리를 찾아 연못가를 빙 둘러 가던 늙은 여우를 멀리 떨어져 있는 철조망으로 꾀어냈고, 여우는 철조망 가시에 머리가 찢긴 채 달아났다. 연못가로 돌아온 래길러그는 냄새를 맡고 발을 구르며 몰리를 찾아 여기저기 돌아다녔지만 헛일이었다. 어미 토끼는 어디에도 없었다. 래길러그는 다시는 어미를 보지 못했고, 어미가 어디로 갔는지도 알지 못했다. 몰리는 언제나 자신을 안전히 숨겨 주던 친구, 물의 차가운 품에 안겨 영원히 깨지 않을 잠을 자고 있었기 때문이다.

가엾은 솜꼬리토끼 몰리! 몰리는 진정한 영웅이었다. 하지만 스스로를 영웅이라고 생각하지 않고, 자신의 작은 세계에서 최선을 다해 살다가 죽은 몰리 같은 토끼는 수없이 많다.

몰리는 삶이라는 전쟁터에서 훌륭히 싸웠다. 그리고 토끼 몰리의 뛰어난 자질은 결코 사라지지 않았다. 몰리의 분신이자 몰리의 총명함을 고스란히 물려받은 것이 바로 래길러그이기 때문이다. 몰리는 래길러그 안에서 숨 쉬며, 래길러그를 통해 자신의 종족에게 더욱 훌륭한 자질을 전해 줄 것이다.

래길러그는 아직도 늪지대에서 살고 있다. 몰리가 죽은 해 겨울에 올리펀트 노인이 세상을 뜨자, 땅 일구는 일에는 관심이 없는 아들들은 더 이상 늪지대의 나무를 베거나 철조망 울타리를 손보지 않았다.

1년이 채 지나기도 전에 늪지대는 그 어느 때보다도 사람의 발길이 닿지 않는 야생의 땅이 되었다. 나무와 가시덤불이 새로 자라났고, 무너진 철조망 울타리는 수많은 솜꼬리토끼들의 요새이자 개나 여우가 감히 달려들지 못하는 마지막 도피처가 되어 주었다.

래길러그는 지금도 그곳에 살고 있다. 래길러그는 이제 몸집이 크고 힘센 수토끼가 되어 그 어떤 경쟁자도 두려워하지 않는다. 어디서 얻었는지 몰라도 갈색 털을 가진 예쁜 아내를 얻어 자식들도 많이 거느렸다. 래길러그와 그 자손들은 앞으로도 오랫동안 그 늪지대에서 번성할 것이다. 여러분이 토끼들의 신호를 안다면, 햇살 따사로운 저녁에 토끼들을 볼 수 있을 것이다. 장소만 잘 고르면 토끼가 언제 어떻게 발을 구르는지도 볼 수 있을 것이다.

옮긴이의 말

시튼의 삶과 문학

　동물 문학의 아버지, 어니스트 톰프슨 시튼은 1860년 영국의 더럼주 사우스실즈에서 태어났습니다. 아버지의 사업 실패로 형편이 어려워지자, 시튼 가족은 1866년 캐나다로 이주해 온타리오주 린지 근처의 시골에서 살게 되었습니다. 시튼 가족은 울창한 침엽수림에 둘러싸인 통나무집에서 개척자 생활을 시작했고, 영국에 있을 때부터 남달리 동물을 좋아했던 어린 시튼은 캐나다의 광대한 야생에서 자연에 대한 사랑을 더욱 키워 갔습니다.

　시튼은 열 살 무렵 온타리오주의 주도이자 캐나다 제1의 도시인 토론토로 이사했지만 대도시로 온 뒤에도 늘 자연을 그리워했습니다. 어떻게든 동물을 보기 위해 시내의 박제 가게를 드나들고, 주말마다 교외로 나가 자연을 탐험하고, 그렇게 찾아낸 자기만의 비밀 장소에 동경하는 아메리카 원주민들의 방식을 흉내 내어 혼자 힘으로 오두막집을 짓기도 했습니다. 늘 자연 속에서 지내며 자연을 더 깊이 알고 싶었던 시튼은 박물학자가 되는 것이 꿈이었습니다. 하지만 아버지는 그림에 재능이 있다면서 화가가 되라고 했고 시튼은 아버지의 뜻에 따라 온타리오 미술 대학에

들어갔습니다. 졸업 후에는 영국으로 건너가 영국 왕립 미술 아카데미에서 미술 공부를 계속했습니다.

시튼은 1881년에 캐나다로 돌아와 매니토바주 카베리 근방의 농장에 사는 형과 함께 지냈습니다. 자연의 품에서 보낸 그 시절은 시튼의 일생에서 가장 행복하고 값진 시간이었다고 합니다. 시튼은 짐승과 새들을 관찰해 상세히 기록하고, 뛰어난 그림 솜씨로 수많은 동물 그림을 그렸습니다. 이때 시튼이 직접 자연 속에서 경험한 여러 동물들과의 만남은 훗날 《내가 알던 야생 동물들》(1898)을 쓰는 밑거름이 되었습니다.

시튼의 대표작인 이 책은 세상에 나오자마자 '사실적 동물 문학'이라는 새로운 문학의 장을 열었다는 찬사를 받았습니다. 그 전까지 문학 작품에서 묘사된 동물들은 이솝 우화나 그림 동화 같은 옛이야기의 전통에서 크게 벗어나지 않았습니다. 즉 겉모습만 동물일 뿐 사람처럼 행동하고 사람처럼 말하는, 그야말로 '동물의 탈을 쓴 사람'이나 다름없었지요. 하지만 시튼은 늑대의 방식대로 살아가는 늑대, 토끼의 방식대로 살아가는 토끼를 그렸습니다. 시튼의 동물 이야기에는 오랫동안 동물을 관찰하고 연구해 온 사람만이 표현할 수 있는 놀라운 현장감이 가득합니다. 시튼도 《내가 알던 야생 동물들》의 머리말에서 자신이 쓴 이야기들이 모두 사실에 바탕을 두었다는 점을 분명히 밝힙니다.

이 이야기들은 모두 사실이다. 비록 많은 대목에서 약간의 가공을

하긴 했지만, 이 책에 나오는 주인공들은 모두 실제로 존재했던 동물이다. 그들은 내가 묘사한 대로 살았으며, 그들이 보여 준 영웅적인 행동과 개성을 다 표현하기에는 내 글재주가 턱없이 모자랐다.

시튼은 또 모든 이야기가 주인공의 죽음으로 끝나는 것도 실제 동물의 삶을 근거로 했기 때문이라고 덧붙입니다. "이 책의 동물 이야기들이 모두 비극인 것은 실화이기 때문이다. 야생 동물은 언제나 비극적인 최후를 맞는 법이다."라고요. 책을 읽는 독자로서는 주인공이 '그 후로 오래오래 행복하게' 살았으면 좋겠지만, 위험의 연속인 야생의 삶을 생각해 보면 시튼의 말에 고개를 끄덕이게 됩니다. 한 번의 실수가 곧장 죽음으로 이어질 수 있는 야생에서 옛날이야기 같은 행복한 결말은 쉽게 찾아볼 수 없는 일이겠지요.

하지만 시튼의 이야기 속 동물들은 저마다 처한 환경에서 자신만의 능력과 경험을 활용해 매 순간 온 힘을 다해 살아갑니다. 그리고 그러한 과정에서 때로는 사람보다 더 위대한 모습을 보여 줍니다. 시튼은 자신이 만난 동물들을 "영웅"이라고 불렀습니다. 1905년에 출간한 《동물 영웅들》의 머리말에서 시튼은 이렇게 썼습니다.

영웅이란 남다른 재능과 업적의 소유자를 말한다. 이 정의는 인간과 동물 모두에게 해당한다. 영웅의 이야기는 사람들의 가슴과 상상력을 움직이는 힘이 있다.

위대한 인물의 이야기는 종종 이야기를 읽는 사람의 마음을 움직여 생각과 행동을 변화시키곤 합니다. 시튼은 그러한 이야기의 힘을 잘 알고 있었고, 그것은 이야기의 주인공이 동물일 때도 마찬가지라고 생각했습니다.

> 나는 박물학에서 너무나 흔히 쓰이는 막연하고 일반적인 접근법으로는 놓치는 것이 많다고 생각한다. '인간'의 습성과 관습을 10페이지로 요약해 놓은 글에서 무슨 만족을 얻겠는가? 차라리 한 위대한 인간의 삶을 그리는 데 그 힘을 쏟는 게 낫지 않을까. 나는 바로 이 원칙을 나의 동물들에게 적용하려고 했다. 나의 주제는 무심하고 적대적인 인간의 눈에 비친 한 종의 일반적인 생태가 아니라, 각 동물의 진정한 개성과 삶의 관점이다. _《내가 알던 야생 동물들》머리말에서

사실적인 동물의 모습을 담고 있어도, 시튼의 이야기는 백과사전이나 동물도감이 아니라 어디까지나 '이야기'입니다. 주인공이 있고, 사건이 펼쳐지고, 독자가 주인공과 함께 울고 웃을 수 있는 이야기 말입니다. 우리가 어떠한 대상을 알고자 할 때, 그 대상을 주인공으로 한 이야기를 읽는 것은 가장 손쉽고 효과적이면서도 그 대상을 깊이 이해할 수 있는 방법 가운데 하나입니다. 시튼은 동물을 주인공으로 한 이야기를 통해 우리에게 야생 동물의 삶을 구석구석 들여다보게 합니다. 그러면서 동물들을 향한 "무심하고 적대적인" 눈을 거두고 인간을 보듯이 동물을 보라고 말합니다.

이런 동물 이야기 모음집은, 지난 세기였다면 교훈이라고 불렸을 진부한 생각을 자연스럽게 내비치는 법이다. 나의 책을 읽는 사람들은 저마다 자기 입맛에 맞는 교훈을 찾아낼 것이다. 하지만 내가 독자들에게 바라는 것은 성서만큼이나 오래된 교훈, 즉 우리 인간과 동물은 친척이라는 점이다. 인간이 가지고 있는 것이라면 동물도 조금은 가지고 있으며, 동물이 가지고 있는 것은 인간들도 어느 정도 가지고 있다.

그렇다면 동물은 정도만 다를 뿐 우리처럼 욕구와 감정을 가진 생물이기에, 동물 역시 권리를 가져야 마땅하다. 백인들의 세계에는 이제야 알려지기 시작했지만, 불교에서는 이미 2천 년 전에 역설한 사실이다. _《내가 알던 야생 동물들》 머리말에서

시튼은 자연과의 조화를 중시하는 동양의 불교나 아메리카 원주민 문화에서 자연에 대한 태도를 배워야 한다고 생각했습니다. 특히 동물을 인간의 형제처럼 여기고 자연과 어우러져 살아가는 아메리카 원주민들이야말로 가장 이상적인 인간이라고 보았지요. 그래서 '우드크래프트 연맹'(설립 당시 이름은 '우드크래프트 인디언스')이라는 단체를 만들어 청소년들과 함께 숲속에서 야영을 하면서 원주민들의 생활 방식과 숲에서 살아가는 여러 기술을 가르쳤습니다. 나아가 1910년에는 베이든파월 경을 비롯한 여러 동료들과 함께 '미국 보이 스카우트'를 창설해 자라나는 청소년들에게 자연과 함께하는 삶을 알리는 데 힘썼습니다.

1930년에 시튼은 뉴멕시코주 샌타페이로 이사 가서 '시튼 마을'을 세웠습니다. 시튼 마을은 자연을 사랑하고 박물학과 북미 원주민 문화를 연구하는 사람들이 모여드는 중심지가 되었습니다. 시튼은 그 뒤로도 많은 책을 쓰고 강연을 하면서 자연에 대한 사랑과 원주민 문화의 중요성을 역설했습니다. 죽는 날까지 자연을 사랑하고 그 사랑을 적극적으로 실천했던 시튼은 1946년 샌타페이의 시튼 마을에서 그토록 사랑하던 자연의 품으로 돌아갔습니다.

수록 작품 해설

　첫 번째 이야기 〈야생마 페이서의 최후〉는 미국 뉴멕시코주에서 명성을 떨쳤던 한 야생마의 이야기입니다. 칠흑같이 까만 털을 가진 아름다운 수컷 야생마 페이서는 독특한 걸음걸이와 멋진 외모, 아무리 달려도 지치지 않는 강철 같은 체력으로 수많은 암말들을 사로잡을 뿐만 아니라 사람들까지 매혹시킵니다. 페이서가 달리는 모습을 한번 보기만 하면 누구든 마음을 빼앗겨 이 아름답고 고귀한 말을 자기 것으로 만들려고 하지요. 가진 것 없는 젊은 목동들은 너도나도 페이서를 사로잡아 자신의 낙인을 찍으려는 꿈에 부풉니다.

　하지만 페이서는 결코 호락호락하지 않습니다. 야생마를 사로

잡는 전통적인 방법, 즉 말과 기수를 몇 번씩 바꿔 가며 야생마가 진이 빠질 때까지 추격하는 방법은 페이서의 엄청난 체력 앞에서 무용지물입니다. 이야기 속에서 목장 일꾼 조는 몇 번이나 추격에 실패하고 말을 몇 마리나 희생한 끝에 결국 페이서를 포기하지요. 이때 노련한 터키트랙 노인은 다른 방법으로 접근합니다. 터키트랙 노인은 페이서가 같이 지내던 암말들을 모두 잃고 오랫동안 혼자 지냈다는 사실에 주목해, 아름다운 암말을 미끼로 써서 마침내 페이서를 사로잡습니다. 페이서의 엄청난 힘도 노인의 경험과 지혜를 이기지는 못한 것이지요.

 시튼에 따르면 페이서는 "1890년대 초에 늑대 로보의 터전에서 그다지 멀지 않은 곳에서 살았던 야생마"라고 합니다. 페이서는 살았던 시기와 장소는 물론 최후까지도 로보와 비슷합니다. 거액의 현상금이 걸리고, 자신을 붙잡으려는 인간들의 온갖 술수를 물리치지만, 마지막에 암컷을 이용한 교묘한 함정에 빠지지요. 사람에게 붙잡히고 나서는 구차하게 살지 않고 스스로 죽음을 택하는 것도 닮았습니다. 터키트랙 노인에게 붙잡힌 페이서는 절벽에서 뛰어내려 목숨을 끊습니다. 초원을 누비며 살았던 야생마에게 자유는 목숨보다 소중했을지도 모릅니다. 페이서는 목숨과 맞바꿔 자신의 자유를 지킨 것이지요.

 시튼은 로보의 죽음에 직접 관여한 것과 달리, 페이서의 죽음을 실제로 목격하지는 못했습니다. 페이서의 최후에 대해서는 시튼이 묘사한 것 말고도 여러 이야기가 있었던 것 같습니다. 이에 대해 시튼은 페이서 이야기가 실린 《내가 알던 야생 동물들》 서문에서 이렇게 썼습니다.

"이 이야기는 실제 그대로이지만, 야생마가 어떻게 죽었는가를 두고는 논란이 있다. 어떤 사람의 말에 따르면 야생마는 처음 끌려간 목장에서 목이 부러져 죽었다고 한다. 터키트랙 노인은 지금 이 질문에 대답을 줄 수 없는 곳에 있다."

1940년에 출간된 시튼의 자서전에는 페이서의 최후에 대한 또 다른 이야기가 나옵니다. 시튼이 어떤 호텔에서 머무르고 있을 때, 한 노인이 시튼의 야생마 이야기를 읽었다며 말을 걸어옵니다. 노인은 시튼이 쓴 결말이 실제와 다르다면서 자기가 직접 목격한 페이서의 최후를 들려줍니다. 노인에 따르면 페이서가 마지막에 터키트랙 노인에게 붙잡힌 것까지는 책과 같습니다. 그 뒤 터키트랙 노인은 페이서에게 안장과 굴레를 씌워 올라타는 데 성공하지만, 길길이 날뛰는 페이서를 고분고분하게 만들지는 못합니다. 페이서도 끝내 터키트랙 노인을 떨쳐 내지 못했고요. 결국 페이서가 노인을 태운 채 절벽 아래로 뛰어내리면서 말과 사람이 함께 죽음을 맞았다고 합니다.

이 이야기가 정말인지 아닌지는 알 수 없지만, 페이서가 마지막에 혼자 죽은 것이 아니라 자신을 사로잡은 사람과 함께 죽었다는 결말은 더욱 인상적이고 강렬합니다. 시튼도 페이서 이야기를 쓸 당시에 이런 결말을 알았다면 이야기를 더 멋지게 마무리 지을 수 있었을 것이라고 아쉬워했습니다.

〈위대한 늑대 빌리의 승리〉에는 〈커럼포의 늑대 왕 로보〉(《시튼 동물기》 1권 수록)와 〈소년을 사랑한 늑대〉(《시튼 동물기》 3권 수록)에 이어 또 한 번 독자들의 마음을 사로잡는 특별한 늑대가 등장합니다. 이야기의 주인공 빌리는 로보와 위니펙 늑대를 조금씩 섞어 놓은 듯한 인상을 줍니다. 빌리는 로보만큼 덩치가 크고 힘이 세며, 후각도 뛰어나고 성격도 무척 신중합니다. 가장 좋은 가축만 골라서 잡아먹어 목장에 막심한 손해를 입히는 것도 비슷합니다. 반면 어릴 때 사냥꾼의 손에 어미와 형제들을 잃었다거나, 수많은 사냥개들 앞에서도 기죽지 않고 홀로 당당히 맞서는 모습은 위니펙의 늑대를 떠올리게 합니다.

　한편 이 작품에서는 앞선 늑대 이야기에서는 다루어지지 않았던 늑대의 새로운 면모도 볼 수 있습니다. 〈커럼포의 늑대 왕 로보〉는 로보라는 위대한 한 영웅에 주목했고 〈소년을 사랑한 늑대〉에서는 평생 혼자 살았던 '고독한 늑대'가 주인공이었지만, 이 작품은 빌리와 함께 어미 늑대를 비중 있게 다루며 늑대들 사이의 관계에 주목합니다. 빌리는 양어머니가 되어 준 늑대와 오랫동안 함께 지내며 생존에 필요한 지식을 차근차근 전수받습니다. 그리고 어른이 되어서는 자기가 배운 것들을 다른 늑대들에게 가르쳐 주기도 하지요. 이를 통해 시튼은 늑대나 다른 동물들이 오직 본능이나 타고난 감각만으로 살아가는 것이 아니라 인간과 똑같이 학습하고 서로 소통하는 존재라는 것을 보여 줍니다.

　특히 시튼은 이 작품에서 늑대가 세간의 인식과 달리 사납고 잔인하기만 한 동물이 아니라는 것을 여러 번 보여 줍니다. 이야기의 앞부분에는 고아가 된 새끼 늑대를 거두어들이는 어미 늑대가 두 마리나 나옵니다. 그중 한 마리는 빌리의 양어머니로, 양아들 빌리를 정성으로 기르며 죽을 때까지 돈독한 부모 자식 관계를 유지하지요. 또 후반부에서는 빌리와 동료가 위험에 처한 늑대의 구조 신호를 듣고 도와주러 달려오기도 합니다. 〈커럼포의 늑대 왕 로보〉에서부터 꾸준히 늑대에 대한 편견을 타파해 온 시튼은 이 작품에서 늑대도 인간처럼 측은지심이 있고 신의를 지킬 줄 아는 동물이라는 것을 분명히 드러냅니다.

마지막 이야기 〈솜꼬리토끼 래길러그의 모험〉의 주인공은 엉덩이에 하얀 솜뭉치를 달고 있는 듯한 모습이 귀여운 솜꼬리토끼입니다. 우리는 흔히 토끼 하면 보드라운 털을 가진 작고 순한 동물, 입을 오물거리며 먹이를 먹는 평화로운 모습 등을 떠올립니다. 하지만 몸집이 작은 초식 동물인 토끼는 야생에서 수많은 천적의 먹이가 되기 때문에 한시도 마음을 놓지 못하고 늘 주변을 경계하며 살아갑니다. 시튼은 이처럼 팽팽한 긴장의 연속인 솜꼬리토끼의 삶을 아래와 같이 묘사합니다.
"솜꼬리토끼의 적은 사방에 깔려 있었다. 솜꼬리토끼들은 늘 적을 피해 도망쳐 다녔다. 개, 여우, 고양이, 스컹크, 너구리, 족제비, 밍크, 뱀, 매, 올빼미, 사람, 심지어 곤충들까지 솜꼬리토끼의 목숨을 노렸다. 토끼들은 수없이 많은 모험을 했고, 적어도 하루에 한 번은 기를 쓰고 도망치며 빠른 발과 재치로 목숨을 건 졌다."

시튼은 적이 우글거리는 숲에서 토끼들이 어떤 지혜와 수법으로 살아가는지 자세히 보여 줍니다. 어미 토끼 몰리는 아들 토끼 래길러그에게 자신을 지키는 여러 기술을 하나하나 가르칩니다. 적의 낌새가 느껴지면 곧바로 '얼음'이 되어 기척을 숨기는 것은 기본이고, 지그재그로 달리거나 왔던 길을 되짚어가며 적을 혼란에 빠뜨리는 방법, 물을 건너 냄새를 지우는 방법에 새들이 우는 소리를 듣고 적을 알아채는 방법도 있습니다. 예부터 든든한 방어막이 되어 준 들장미 덤불은 물론이고 인간들이 새로이 만들어 낸 '덤불'인 가시철조망 울타리도 적극적으로 이용합니다.

여기서 끝이 아닙니다. 토끼들은 그저 잘 숨고 잘 피하기만 하면 되는 것이 아니라, 때로는 매섭게 공격할 줄도 알아야 합니다. 이야기 첫머리에서 래길러그가 뱀에 붙잡히자, 몰리는 어디서 그런 용기가 솟았는지 무시무시한 천적에게 물불 가리지 않고 덤벼듭니다. 또 후반부에는 포악한 수컷 토끼도 등장합니다. 이 침입자 토끼는 결투에서 진 래길러그를 죽이려고 끊임없이 쫓아다니고, 몰리를 강제로 아내로 삼아 때리고 괴롭힙니다. 마냥 순해 보이는 토끼들의 세계에도 이런 폭군이 있고, 온갖 생존 기술을 섭렵한 몰리와 래길러그에게 정작 같은 토끼가 더 큰 위협이 된다는 점이 예상치 못한 놀라움을 줍니다.

〈솜꼬리토끼 래길러그의 모험〉은 이처럼 작고 연약해 보이는 토끼들의 삶이 얼마나 치열한지, 또 토끼들이 이 "삶이라는 전쟁터에서" 어떤 방식으로 싸워 나가는지 생생히 보여 줍니다. 우리 한 사람 한 사람이 모두 자기 삶의 주인공으로 열심히 살아가듯이, 우리가 눈여겨보지 않는 곳에서도 토끼를 비롯한 수많은 작은 동물들이 "자신의 작은 세계에서 최선을 다해" 살아가고 있는 것이지요. 누구도 알아주지 않고 사람처럼 역사에 이름을 남기지도 못하지만, 토끼들의 세계에는, 그리고 동물의 세계에는 몰리와 래길러그 같은 "진정한 영웅"이 무수히 많다고 시튼은 힘주어 말합니다.

햇살과나무꾼

시튼의 생애

1860 — 8월 14일, 영국 더럼주 사우스실즈에서 태어났다. 시튼의 아버지는 스코틀랜드 하일랜드 지방 명문가의 후계자였다.

1866 — 아버지가 파산하며 온 가족이 캐나다 온타리오주로 이주했다.

1870 — 캐나다 토론토에서 초등 교육을 받았다. 미술에 두각을 나타냈고 가족들도 예술가가 되기를 원했지만 시튼은 자연에서 더 많은 시간을 보냈다.

열네 살 때의 시튼
© Courtesy Philment Museum and Seton Memorial Library

1879 — 토론토 예술 협회에서 주는 황금 메달을 받았다. 미술을 공부하기 위해 영국 런던으로 갔다가 건강이 나빠져 2년 후 다시 캐나다로 돌아왔다.

1881 — 형들이 사는 캐나다 매니토바주의 대초원을 누비며 자연과 동물에 관한 폭넓은 지식을 쌓았다. 이때의 경험은 훗날 시튼의 작품에 등장하는 경이로운 자연과 야생 동물 이야기 속에 녹아들었다.
이즈음 아메리카 원주민과 교류하기 시작했다. 시튼은 훗날 인디언 보호구와 멸종 동물들을 위한 동물 보호 공원의 설립을 강력하게 주장하는 사회 운동가로 활동했다.

1883 — 미국 뉴욕으로 가 미술학도 연맹에서 공부하며 여러 자연사학자들을 만났다. 1년 후에 프랑스 파리로 가서 미술을 공부했다.

| 1885 | 《센추리 백과사전》에 실릴 동물 그림을 1천 점 정도 그렸다. 프랭크 챔프슨의 《조류 안내서》의 삽화를 그렸다. |

시튼은 탁월한
그림 솜씨로
야생 동물 그림을 그려
생계를 유지하기도 했다.

1886	《매니토바의 포유류 목록》을 출간했다. 6년 뒤에 매니토바주 정부의 자연학자로 임명되었고, 죽을 때까지 직책을 수행했다.
1890	파리의 쥘리앵 아카데미에서 미술을 공부했다.
1891	작품 〈잠자는 늑대〉를 프랑스 파리 살롱의 특별관에 전시했다.
1893	미국 뉴멕시코 지역으로 사냥을 나갔다.
1894	〈커럼포의 늑대 왕 로보〉를 발표했다. 뉴멕시코 지역에서의 사냥 경험이 녹아든 작품이다.
1896	미국 뉴욕 출신인 그레이스 갤러틴과 결혼했다.

그레이스 갤러틴. 작가이자 여성 참정을 주장하는
사회 운동가였다. 《새내기 여성》, 《사냥꾼의 아내》 등을 썼고
코네티컷 여성 참정권 협회 회장을 지냈다.

1898	야생 동물 이야기를 쓴 첫 번째 책 《내가 알던 야생 동물들》을 발표했다. 시튼은 이 작품으로 세계적인 명성을 얻었다.
1899	《샌드힐의 수사슴》을 출간했다.
1900	《고독한 회색곰 왑의 일생》을 출간했다.

1901	《위대한 산양 크래그: 쫓기는 동물들의 생애》를 출간했다.
1902	아이들에게 자연과 접할 기회를 주려고 노력하며 보이 스카우트의 전신인 '우드크래프트 연맹'을 만들었다.
1904	딸 '앤 시튼'이 태어났다.
1905	《동물 영웅들》을 출간했다.
1906	보이 스카우트 운동에 본격적으로 참여했다.

미국의 삽화가이자 청소년 지도자인 대니얼 비어드(오른쪽), 영국 군인이자 작가인 로버트 베이든파월(가운데)과 함께 찍은 사진. 세 사람은 보이 스카우트 협회에서 함께 활동했다.

| 1909 | 《은여우 이야기》를 출간했다. |
| 1910 | 미국 보이 스카우트 설립 위원회의 위원장으로 활동하며 보이 스카우트의 첫 매뉴얼을 만들었다. |

1910년 미국 미네소타주 실버베이에서 보이 스카우트 캠프에 참가한 시튼.

| 1913 | 《옐로스톤 공원의 동물 친구들: 우리 곁의 야생 동물들》을 출간했다. |
| 1916 | 《구두 신은 야생 멧돼지: 야생 동물들이 살아가는 방법》을 출간했다. |

1917	아메리카 원주민인 수(sioux)족에게서 '검은 늑대'라는 이름을 얻었다.
1926	미국 보이 스카우트 협회에서 처음으로 제정한 상인 '은빛 물소상'을 받았다.
1927	수족, 푸에블로족 원주민과 생활하며 아메리카 원주민의 문화와 전통을 연구했다.
1928	1918~1925년 동안 집필한 《사냥감들의 삶》으로 미국 국립 과학 연구소가 국제적으로 시상하는 '존 버로스 메달'을 받았다. 총 4권인 이 책은 동물학 분야의 탁월한 연구가 담긴 역작으로, 시튼은 약 1,500점의 삽화를 직접 그렸다.
1930	미국 뉴멕시코주 샌타페이로 이주했고 '시튼 연구소'를 설립했다. 연구소는 레크리에이션 협회 지도자의 훈련 캠프이자 북아메리카 원주민의 생활 양식을 탐구하는 곳이었다.
1934	그레이스 갤러틴과 이혼하고 줄리아 모스 버트리와 재혼했다.
1937	《표범을 사랑한 군인: 역사에 남을 위대한 야생 동물들》을 출간했다.
1940	자서전인 《야생의 순례자 시튼》을 출간했다. 시튼은 86년의 생애 동안 40권이 넘는 책과 수많은 글을 발표했다.
1945	《산타나, 프랑스의 영웅견》을 출간했다. 이 작품은 시튼이 생전에 출간한 마지막 책이 되었다.
1946	미국 뉴멕시코의 자택에서 생을 마쳤다.

시튼은 야생 세계에 대한 열정으로 수많은 작품을 펴냈다. 자연과 동물에 대한 매혹적인 글과 그림은 오늘날까지도 전 세계 사람들에게 위대한 유산으로 남아 있다.